Denaro in Circolo

Pensieri sull'Economia, Trading in Borsa e Finanza Domestica

Copyright © 2016 Nicola Matarese

Tutti i diritti riservati.

ISBN-13:
978-1546656395

ISBN-10:
1546656391

Denaro in Circolo

Pensieri sull'Economia, Trading in Borsa e Finanza Domestica

DEDICA

A mio padre Nando e mia madre Iole, che mi hanno insegnato a capire il valore delle cose, materiali e non.

Nicola Matarese

INDICE

INTRODUZIONE	5
Inno al Capitalismo	5
La geometria dei frattali : dal micro al macro	10
1. SEZIONE UNO: BASE	18
1.1. PRIMA RIVOLUZIONE ECONOMICA: L'AGRICOLTURA	18
1.1.1. Ritorno all'innocenza	18
1.1.2. Ritorno al futuro	22
1.2. SECONDA RIVOLUZIONE ECONOMICA: LA PRODUZIONE INDUSTRIALE	31
1.2.1. La Globalizzazione	31
1.2.2. Il Confine tra Bisogni e Desideri	34
1.2.3. Nel Circolo	38
1.2.4. Intensità di Lavoro o Intensità di Capitale?	40
1.3. TERZA RIVOLUZIONE ECONOMICA: LA CONNETTIVITA	45
1.3.1. Niente pasti gratis in Economia, ma oggi sono meno cari di prima	45
1.3.2. Vittime del nostro successo	49
1.3.3. Una chance per tutti	50
1.4. QUARTA RIVOLUZIONE ECONOMICA: I SISTEMI COGNITIVI	54
1.4.1. Trascendence	54
1.4.2. Sistemi Cognitivi: non pensanti, ma macchine che interpretano	57
1.4.3. Flash-Crash	59
2. SEZIONE SECONDA: UN'INFRASTRUTTURA FINANZIARIA	65
2.1. LA BANCA	65
2.2. IL CIRCOLO : RENDITA DA CAPITALE E DA LAVORO	69
2.3. PRIMA LEGGE FONDAMENTALE DEL CAPITALISMO	70

Denaro in Circolo

Pensieri sull'Economia, Trading in Borsa e Finanza Domestica

2.4.	SECONDA LEGGE FONDAMENTALE DEL CAPITALISMO	76
2.5.	UN BUSINESS PLAN FAMILIARE	79
3.	SEZIONE TRE: INVESTIRE CON PERSONALITA'	89
3.1.	AVIDITÀ & LIBERTÀ	89
3.1.1.	L'inizio del sogno	89
3.1.2.	Finanza per Gravità	93
3.1.3.	I Volumi	95
3.2.	STRATEGIA	100
3.2.1.	Osservazione	100
3.2.2.	Entrare nel Mercato	102
3.2.3.	Protezione	107
3.3.	ESECUZIONE	108
3.3.1.	Impostazione del Giusto Margine	108
3.3.2.	Minimi Volumi e Operazioni	113
4.	CONCLUSIONE	117
	BIBLIOGRAFIA & APPROFONDIMENTI	121

Nicola Matarese

INTRODUZIONE

Inno al Capitalismo
L'immagine in copertina è un esercizio che ho fatto nel 2008 quando, nel tentativo di reinventare la mia identità e la vita sociale e professionale intorno a me, ho cercato di esplorare il mio lato creativo, stanco della vita noiosa di un giovane impiegato di industria. A quel tempo, i miei quadri erano ispirati dalle serate a Milano trascorse con amici, cene e viaggi in moto, ma il "valore della libertà" sulla copertina rappresenta il pensiero che mi ha accompagnato da sempre: il motore e il mezzo per soddisfare le nostre passioni, la felicità, l'amore e il dolore, la crisi e le guerre.
Oro: il bene rifugio per eccellenza, il mezzo più riconosciuto del commercio universale e il simbolo storico dei desideri o della ricchezza.
Ho immaginato di estrarlo dalle profondità roventi della terra, per fonderlo e trasformarlo nel modo in cui lo conosciamo e il potere che ne deriviamo ci libera dalla gabbia dei nostri limiti, aprendo i confini del mondo; acqua, aria, terra e ancora fuoco e qualsiasi altra combinazione di questi elementi.
Diventa parte della natura ciclica della nostra esistenza, che viene rappresentata come le onde del mare e i picchi e le valli proprio

Denaro in Circolo

Pensieri sull'Economia, Trading in Borsa e Finanza Domestica

come le fluttuazioni dei nostri mercati finanziari. Questo è il mio mondo, che cambia attraverso la ripetizione di eventi singoli e multipli che impariamo a conoscere e cerchiamo di prevedere e sfruttare (o mitigare) i loro effetti positivi (o negativi) sulla nostra vita quotidiana.

Ritornando al tempo dei miei studi universitari, credo ora che da allora, sono diventato più consapevole della natura ciclica della nostra vita; e questo è accaduto vivendo le escursioni dei miei stati d'animo e come questi erano influenzati da tutto quello che mi accadeva intorno.

Le dinamiche dei miei rapporti personali con amici, colleghi e conoscenti e l'andamento dei risultati dei miei studi erano così instabili che influenzavano pesantemente la mia personalità con ampie oscillazioni di eccitazione e depressione ad intervalli quotidiani e settimanali.

All'epoca vivevo da solo e ogni cosa mi arrivava senza alcun filtro di protezione che hai finché vivi con i tuoi e subivo direttamente ogni impatto positivo e negativo proprio come si vive un andamento di un mercato finanziario, con cadute e rimbalzi.

Nelle fasi di discesa, ero in ogni caso supportato dal mio atteggiamento tendenzialmente positivo verso il futuro con l'idea che a lungo termine le cose tendono a migliorare, per cui una volta toccato il fondo, ci si presenta sempre l'opportunità per un punto di svolta.

A volte, però, era difficile mantenere questo stato mentale quando tutte le cose peggioravano di continuo e si andava sempre più in basso.

Con il tempo, ho imparato a gestire anche queste situazioni e ovviamente anche a contenere "l'esuberanza irrazionale" dei momenti di risalita che esplodevano ad ogni superamento di un esame, godendomi quei momenti e preparandomi per il ciclo successivo.

In questo modo di pensare, fasi negative mi hanno sempre messo in una situazione per cui potevo accumulare energia potenziale per sfruttare al meglio ogni eventuale nuova opportunità.

Da qui viene l'idea di gettare alcuni pensieri in questo libro, allo scopo di condividere la mia passione per la "scienza felice" dell'economia, sviluppando la nostra capacità di fare uso razionale del denaro, esplorando diverse prospettive per aumentare la consapevolezza della nostra infrastruttura finanziaria e dei nostri obiettivi, e arrivare alla radice dell'analisi del nostro "status finanziario", per trovarne le chiavi di lettura per elaborare le più semplici o semplicistiche soluzioni per gestire correttamente il nostro capitale.

Denaro in Circolo

Pensieri sull'Economia, Trading in Borsa e Finanza Domestica

Sono sempre infastidito dalla tendenza generalizzata di prendere le distanze dal mondo della finanza dandogli spesso una sfaccettatura negativa ingiustificata.

Le persone sono normalmente riluttanti a parlare dei loro stipendi, degli investimenti o dei loro conti, o addirittura di ammettere la loro passione per il denaro e tendono ad associare con esso la fonte delle nostre disgrazie.

Nella rivista trimestrale di una multinazionale in cui ho lavorato in passato, c'era una un'intervista con un alto dirigente dell' ingegneria in cui lo stesso rispondeva che il lavoro dei suoi sogni era lavorare nel reparto di prototipazione. Mmmmmhhh: prendeva tre volte lo stipendio del più pagato di quel reparto, ma con la celebrazione dell'arte del "fare", dava un esempio dell'impiegato modello e una buona immagine aziendale. Probabilmente, se avesse detto, "vorrei gestire gli investimenti dei fondi pensione della nostra società" o essere il punto focale per i rapporti con le banche, di sicuro non avrebbe avuto lo stesso effetto.

Alcuni potrebbero dire che la brama di denaro non è etica e non è in linea con gli ideali e valori di alcune religioni [1] fondati sul fatto

---

[1] Matteo 6:24 "Nessuno può servire due padroni: perché, o amerà l'uno e odierà l'altro; oppure preferirà il primo e disprezzerà il secondo. Non potete servire Dio e i soldi".

che esso è solo un aspetto della ricompensa per aver creato qualcosa.

Un aspetto per esempio, legato al fatto di avere un mezzo di scambio universalmente riconosciuto per comprare qualcos'altro. In quest'ottica il denaro è sempre associato ad una mancanza o a un elemento di insoddisfazione.

Figuriamoci se potremmo mai accettare il principio di concepire la creazione di denaro dal risultato diretto della sua disponibilità, che è effettivamente il fondamento dell'industria finanziaria.

Voglio specificare che riconosco comunque l'importanza dell'economia fondata sul lavoro, ma mi piace anche l'aspetto dell'economia fondata sul capitale, e proverò a dare in questo libro una visione di come i due elementi sono collegati.

Con un po' di impegno e diligenza, ognuno può migliorare il proprio benessere, la propria stabilità finanziaria e la capacità di preparare un prosperoso piano di gestione del capitale in linea con obiettivi, bisogni e personalità.

Il modo migliore di partire è quello di provare a razionalizzare un istinto; ci saranno quelli che inseguiranno il sogno di diventare un designer d'interni, altri apriranno strutture per la cura dell'infanzia o alimenteranno le proprie passioni per la nautica e la vela, mentre altri ancora apriranno agenzie per la gestione del capitale o costrui-

Denaro in Circolo

Pensieri sull'Economia, Trading in Borsa e Finanza Domestica

ranno alberghi di lusso. Tutti abbiamo bisogno di fare qualcosa che ci piace ma deve essere sostenuto da un minimo business case basato pesando i benefici che ne deriviamo dal salario del lavoro che svolgiamo e la soddisfazione per aver alimentato le nostre passioni.

La geometria dei frattali : dal micro al macro

Questo libro in sé è stato un esercizio intellettuale e un'esperienza che mi sono regalato nella speranza che questo lavoro possa darmi ispirazione per un altro progetto, proprio come quando abbozzai il mio quadro di copertina, che è stata a sua volta l'incipit di questo libro.

Scrivendo questo libro (come nel caso dei miei dipinti), ho capito che, subito dopo lo sforzo iniziale, sono venute fuori nuove idee che hanno completamente cambiato il soggetto iniziale. Non sapevo dove sarei finito, ma sorprendentemente, lo scopo si è materializzato strada facendo.

Alcune nuove idee sono state ulteriormente sviluppate e adattate a questo contesto, e ho mantenuto altre, per cui non ho trovato un catalizzatore, nel mio "Think Tank", pronto a svilupparle alla prossima occasione. In questo sforzo, ho sviluppato piccoli frammenti di idee e informazioni, originariamente disconnesse, da una serie di fonti che ho mescolato con l'intenzione di creare qualcosa di nuovo da loro.

Secondo Einstein, nulla si crea e nulla si distrugge: la creazione non è altro che una combinazione logica di elementi primari già esistenti, materie prime, know-how e tempo.

È l'essenza delle cose più o meno complesse che sono sempre generate dall'unione e una sequenza organizzata di queste componenti elementari: quelle infinitamente piccole e semplici.

Gli atomi che formano le molecole, le cellule che costituiscono il corpo umano, le migliaia di componenti che compongono un aereo, le linee di codice che generano un software, le sequenze di note - quelle combinazioni infinitive che fanno una melodia e una canzone; la sequenza di giuste lettere che formano una parola, un insieme di parole che fa un'idea, un messaggio, una teoria e così via.

Quando andiamo in un negozio di mobili, scegliamo il prodotto assemblato visualizzato in esposizione; lo immaginiamo a casa con i nostri soprammobili e nel contesto dell'ambiente in cui lo andremo a posizionare. Poi decidiamo di acquistarlo e prendiamo il kit di sotto-assiemi che portiamo a casa.

Apriamo gli imballaggi, osserviamo il tutto sparso a terra sul nostro pavimento, e ci sentiamo persi (almeno le prime volte), pen-

Denaro in Circolo

Pensieri sull'Economia, Trading in Borsa e Finanza Domestica

sando alla differenza tra il prodotto finito che avevamo visto nell'esposizione e quella confusione di componenti davanti a noi. Poi si inizia con le istruzioni e si prepara la prima tavola, si inseriscono i perni, le viti e i distanziali, si esegue la stessa operazione su quattro tavole e il primo cubo inizia a rappresentare i nostri cassetti, gli scaffali, la libreria o l'armadio. Alla fine, quasi magicamente, seguendo la sequenza del libretto di istruzioni, abbiamo qualcosa di simile a quello che abbiamo scelto di acquistare.

La mia idea è che dobbiamo imparare a capire anche l'importanza dei singoli e piccoli componenti, a cui a prima vista non si darebbe importanza, per poterli gestire al meglio allo scopo di creare del valore aggiunto.

La sensibilità di riconoscere nel "micro-mondo" la possibilità di organizzare e sviluppare con pazienza gli elementi base per materializzare una nostra idea.

Proprio come i singoli concetti che fanno questo libro, piccoli passaggi contribuiranno a stimolare la nostre immaginazione a raggiungere il nostro obiettivo - o, almeno, provarci.

Avete mai pensato a come "la teoria dei giochi" possa fornire una utile guida per prendere decisioni strategiche, o l'importanza delle formule e gli studi sui numeri primi su cui Ramanujan ha lavorato per tutta la sua vita?.

O il numero di teorie e formule fisiche e quantistiche che, a prima vista, sembrano lontane anni luce dalle loro applicazioni pratiche? Con questo libro cercherò di cortocircuitare alcune connessioni improbabili, in alcuni casi forzando la mano, anche con il rischio di renderne per alcuni la lettura non proprio scorrevole.
Per questi posso solo chiedere di dare sempre una seconda possibilità e provare a guardare le cose da diverse prospettive.
Mi piace sperimentare; e quando le cose riescono bene mi sento felice.
Una volta ho preso l'ispirazione da un ragazzo che ho incontrato per vendergli la mia moto per 1.500 euro. Era un ragazzo alto, snello, sulla trentina, occhi azzurri e capelli ricci di madre ucraina e padre italiano, ben vestito (eccetto le scarpe); avevo notato le sue unghie sporche e guidava un caravan VW tipo hippy con targa polacca. Mentre parlavamo mi disse che l'avrebbe rivenduta in Polonia con un guadagno di 100 euro. Esattamente: solo cento euro, al netto delle tasse doganali, delle spese di trasporto e della registrazione in Polonia. Poi mi ha parlato del numero di moto che vendeva regolarmente: due carichi di 20 moto al mese. Poi mi disse che era anche il rappresentante di una casa editrice, e che commercializzava anche prodotti alimentari fatti in Italia con i russi e altre opportunità occasionali. Mentre ero combattuto tra l'idea di con-

Denaro in Circolo

Pensieri sull'Economia, Trading in Borsa e Finanza Domestica

cludere l'accordo o rinunciare a causa dei dubbi che mi aveva creato questa sua esuberanza, ero rimasto stupito di quanto "creativa" poteva essere questa persona e come lui tante altre. Alla fine, l'ho venduta e ho pensato a come potevo far tesoro di quella esperienza.

I 1.500 euro che ho ricavato da quell'accordo non erano quasi nulla in confronto a quell'apertura mentale che volevo imitare.

Volevo provare ad aumentare la mia capacità di essere ricettivo a multiple fonti e interessi per trovare nuove strade, aprire nuove porte, creando nuove connessioni, nuovi scambi.

Questo libro racconterà alcune delle mie esperienze e il mio rapporto con il denaro. Parlerò della mia visione dell'economia e della finanza, il valore del lavoro e il suo prezzo, le differenze tra un costo e un investimento. Darò suggerimenti su come gestire i rischi, tenere duro nei momenti difficili o fuggire via, e nel peggiore dei casi anche come gestire le perdite, reali e figurate (ed eventualmente accumulare energia potenziale [2]).

Nella prima sezione si troverà una descrizione rapida di ciò che credo siano state le più importanti rivoluzioni economiche della

---

[2] Come una molla caricata

storia, dall'agricoltura alla diffusione del software semantico. In alcuni casi, entrerò nei dettagli di un business-plan fornendo delle indicazioni con casi numerici, ma solo per aiutare a comprendere gli ordini di grandezza degli argomenti di cui stiamo parlando. Nella seconda parte, suggerisco un modo per strutturare e costruire la propria infrastruttura finanziaria per prendere maggiore consapevolezza della propria stabilità economica e sviluppare un business-management plan familiare. Ho cercato di fornire alcuni strumenti per un migliore controllo dei beni e una distribuzione sostenibile delle spese, per ottenere il più efficace equilibrio tra entrate e uscite fisse (stipendi - costi) e entrate e uscite variabili (rendite e investimenti)[3].

Nella terza e ultima parte, ho cercato di analizzare il valore del tempo e del lavoro, nel tentativo di fornire un metodo per gestire correttamente le risorse monetarie per investire nei mercati finanziari attraverso tre fasi: osservazione, ingresso e protezione. Questo metodo si basa su una miscela di un approccio discrezionale supportato dall'osservazione del comportamento del mercato e da alcuni principi del trading automatico (HFT - High Frequency

---

[3] Nelle tabelle e simulazioni si prega di perdonare la semplificazione delle condizioni al contorno, ma basta prendere in considerazione i principi di alto livello.

Denaro in Circolo

Pensieri sull'Economia, Trading in Borsa e Finanza Domestica

Trading). Ciò contribuirà a identificare le tendenze ricorrenti e la configurazione continua di "supporti" e "resistenze" tecniche per eseguire transazioni semi-automatiche di acquisto e vendita tra queste bande di valori.

Prima di operare tuttavia, dobbiamo però passare attraverso un criterio di selezione dei prodotti finanziari che, a lungo termine, avranno la più alta probabilità di generare valore (tramite la formula di Joel Grenblatt [4]) ai quali applicheremo un metodo ispirato alla Martingala ad intervalli temporali ben definiti.

Allo stesso tempo, vedremo come seguire l'approccio "straddle trading" acquistando due prodotti che vanno in direzioni opposte (sia con simultanee aperture "long-short" sullo stesso prodotto oppure acquistando prodotti che di solito vanno in direzioni opposte, come la benzina e il gas naturale). Questa potrebbe sembrare una strategia a somma nulla (un prodotto mangia il guadagno dell'altro), ma vedremo che anche in questa brutta situazione, questo approccio può avere il suo lato positivo.

---

[4] Greenblatt, J. (2007). *IL PICCOLO LIBRO CHE BATTE IL MERCATO AZIONARIO* . Milano, Italia: CHW Edizioni di Cinehollywood Srl.

In economia non viene concesso nulla (non ci sono "pasti gratuiti"), ma entrare nel mercato finanziario con probabilità favorevoli è certamente l'unico metodo per raggiungere il successo.
Vedrete molte formule e numeri che sono specificamente legati ad assunzioni personali o alla mia esperienza diretta, per dare un impressione della vicinanza alla realtà delle mie considerazioni e renderle più vicine possibile al vostro caso.
Usando semplicemente un fattore di scala, potrete per esempio adattare la simulazione alla vostra situazione. (se il vostro stipendio è il doppio di quello indicato nell'esempio, usate un fattore moltiplicativo pari a due).

Denaro in Circolo

Pensieri sull'Economia, Trading in Borsa e Finanza Domestica

1. SEZIONE UNO: BASE

1.1. PRIMA RIVOLUZIONE ECONOMICA: L'AGRICOLTURA

1.1.1. Ritorno all'innocenza

La prima rivoluzione economica è arrivata più di 10.000 anni fa, quando le prede cacciate dall'uomo e le risorse che l'uomo ricavava direttamente dalla terra non riuscivano più a soddisfare le sue esigenze primarie di sopravvivenza. Con l'agricoltura, egli inventò pertanto un sistema per produrre una quantità di merce superiore a quella semplicemente necessaria per la sua stessa sussistenza.

In questo modo scoprì anche la prima forma di accumulazione di capitale; l'eccedenza, il cui concetto ha portato la società umana di quei tempi a radicali cambiamenti e alla prima comparsa dei principi di una vera e propria economia. Il surplus infatti imponeva una programmazione di lungo termine e la necessità di proiettare il pensiero dell'uomo nel futuro.

La gente cominciò a sviluppare un nuovo sistema di relazioni e di strumenti per gestire le scorte nel tempo. Sono comparse nuove figure sociali - il produttore, il compratore, il venditore, il contabile - che hanno sviluppato nuovi servizi (magazzini, fienili) e sistemi e regole di transazione.

E' stato inventato il debito e il credito, e istituito un nuovo sistema monetario, garantito dall'istituzione sovrana e dalle autorità regolatorie che ne derivarono.

Furono sviluppate nuove soluzioni tecnologiche come aratri ad esempio, oppure sistemi di irrigazione e sistemi di conservazione delle colture, insieme alla chimica, alla medicina e altro.

Tutto il sistema ruotava attorno ai beni primari dalla terra che anche adesso soddisfano i bisogni fondamentali, per nutrire noi e le nostre famiglie, per preservare la salute e, al tempo stesso, fornire un importante catalizzatore alla vita sociale e all'identità culturale.

Il cibo è da sempre il primo valore ed è stato il mezzo di transazione per la necessità primaria di tenerci in vita.

Naturalmente la medicina ha fatto molto; ma quanto più forti o più sani (in media) siamo diventati con le enormi varietà di prodotti che mangiamo oggi?

Basti pensare alla aspettativa media di vita del mondo occidentale, che è quasi triplicata negli ultimi 2.000 anni e il valore sociale associato al cibo in relazione alla famiglia, gli amici e gli affari.

Con tristezza e sgomento tuttavia riconosciamo che ancora ci sono popolazioni in alcune aree geografiche del mondo per le quali la disponibilità di cibo non è ancora sufficiente a soddisfare i bisogni minimi.

Denaro in Circolo
Pensieri sull'Economia, Trading in Borsa e Finanza Domestica

Al contrario, la maggior parte di noi è invasa da una così vasta offerta di beni che non siamo spesso a conoscenza della loro qualità, le origini, i processi di produzione o la loro catena di approvvigionamento. La battaglia per ridurre i prezzi di vendita e/o aumentare i margini ha portato purtroppo a situazioni in cui il cibo oggi è diventato in alcuni casi anche la causa di malesseri e malattie. Il problema sta catturando l'attenzione di molte organizzazioni (come l'EFSA), ma la diffusione della conoscenza non è ancora sufficiente per aumentare il livello di coscienza della stragrande maggioranza della popolazione mondiale.

La cultura del "cibo di qualità" non è abbastanza diffusa per giustificare investimenti mirati a svilupparla ulteriormente, e quindi il "cibo di massa" rimane ancora abbastanza economico da mantenere il suo ruolo predominante, nonostante la minaccia che costituisce per la nostra salute.

Come vedremo più avanti in questo libro, anche se ho solide convinzioni per giustificare e sostenere una globalizzazione industriale sostenibile, quando parliamo dell'agricoltura, ho solo una semplice argomentazione contro di essa. La globalizzazione in sé coinvolge grandi distanze, e anche con i servizi più rapidi, gli elementi fondamentali caratteristici del "cibo di qualità" (freschezza, tracciabilità della catena di approvvigionamento e consapevolezza geografica) sono senza dubbio i primi a farne le spese. Infatti, i beni naturali sono strettamente interconnessi con la geografia territoriale e le caratteristiche organiche della terra e del suo ambiente, la cultura della gestione del territorio, le regole e la regolamentazione delle amministrazioni locali, nonché le politiche sanitarie e di sicurezza. L'evoluzione tecnologica della produzione di massa, anche se porta vantaggi indiscussi da una parte, porta anche l'abuso delle risorse naturali e porta a situazioni di difficoltà etiche e ambientali (l'Encefalopatia Spongiforme Bovina (BSE) in Europa pochi anni fa, solo per citarne un esempio).

Nonostante ciò, la componente tecnologica nell'industria alimentare ha un ruolo di fondamentale importanza per il suo sviluppo, soprattutto per il processo di trasformazione dei beni naturali che poi crea il valore fondamentale del prodotto finale. Come vedremo anche, nella seconda parte, mentre la globalizzazione industriale è caratterizzata da una relativa indipendenza tra beni capitali e manodopera [5], per cui la produttività marginale è indipendente dalla

---

[5] Infinita elasticità della funzione di produzione = completa flessibilità del capitale rapporto e lavoro. Elasticità nulla significa che la produzione è un dato dalla quantità fissa di capitale e lavoro, e l'aumento di uno dei due non fornirà alcun beneficio addizionale (produttività marginale nulla).

disponibilità di lavoro e di capitale, in agricoltura è l'esatto contrario per cui l'aumento dell'impiego di maggior capitale o lavoro potrebbe non essere necessariamente uguale a una produzione più elevata.

1.1.2. Ritorno al futuro

Un più ampio riconoscimento dell'importanza del miglioramento delle proprietà nutritive del cibo e la diffusione della meccanizzazione agricola sostenibile possono aumentare la cultura del mangiare di qualità e promuovono una catena di approvvigionamento più breve (nel migliore dei casi, che si sposta dal produttore al consumatore).

Ciò potrebbe fornire la base per una nuova economia del cibo basata su principi etici, promuovendo ambiente sano e mantenendo vantaggi diretti e indiretti a tutti i livelli (come i sistemi sanitari nazionali, le assicurazioni e la produttività sul lavoro, nonché il benessere generale e la qualità della vita).

Le produzioni di nicchia hanno attirato molto interesse, in quanto richiedono contributi scientifici a livello specialistico, sia per quanto riguarda la conservazione genetica che la tecnica di coltivazione. Esse sono attività che ci portano in un contesto territoriale ben definito, con la logica della produzione orientata al miglioramento della qualità del prodotto. Questo potrebbe essere l'inizio della ricerca sull'agricoltura del futuro e ha un enorme potenziale per un sistema economico sostenibile e prosperoso.

La garanzia di una produzione di qualità caratterizzata dall'assenza di sostanze e residui dannosi per la salute, però, potrebbe non essere sufficiente per rendere il prodotto abbastanza attraente senza l'aiuto di una forte campagna di marketing / sensibilizzazione. Questa garantirà un aumento di volume necessario per creare un'economia di scala e incrementare la propria competitività sui seguenti principi.

1. Ecologico / ambientale: che sono conformi ai principi che regolano il rapporto tra gli organismi viventi e ciò che è intorno a loro, e mirano a preservare e migliorare la qualità dell'ambiente; per esempio mantenendo o aumentando la fertilità del suolo, la biodiversità e l'attività biologica, evitando l'uso di sostanze tossiche e minimizzando l'inquinamento; e creando un equilibrio armonioso tra la produzione vegetale e il bestiame.

2. Etologico: che rispetta le esigenze fisiologiche ed etologiche dell'animale, garantendo condizioni di vita che permettono agli animali di esprimere gli aspetti fondamentali e innati del loro comportamento.

Denaro in Circolo

Pensieri sull'Economia, Trading in Borsa e Finanza Domestica

3. Etica: che comporta rispetto per la natura e il valore intrinseco degli animali domestici e dei diritti umani per la produzione di alimenti di alta qualità. Implica anche di raggiungere l'obiettivo di sviluppare un paesaggio agricolo esteticamente attraente per fornire a tutti coloro che sono coinvolti nell'agricoltura biologica e nella trasformazione, una qualità di vita che soddisfa le loro esigenze.

4. Ergonomico: che fornisce un ambiente di lavoro sicuro, sicuro e sano per gli agricoltori e il personale impiegato.

5. Economico: che comporta l'uso di risorse il più rinnovabili possibili, che generano un reddito sufficiente per l'agricoltore, offrendo un prezzo equo per il consumatore.

Come ogni estate trascorro parte delle mie vacanze in Sicilia e faccio spesso delle visite a amici e parenti nell'entroterra.

C'è una fattoria che ho visitato una volta in cui venivano allevate le mucche di razza Limousine, che sono particolarmente indicate sia per la loro capacità di adattarsi al territorio, che per le eccellenti caratteristiche organolettiche della loro carne.

L'agricoltore con cui parlavo mi diede una chiara e dettagliata spiegazione del suo lavoro, mentre assaggiavamo una gustosissima scelta di formaggi, salumi e vino rosso, dopo una breve camminata all'aperto a 36 gradi centigradi. Ho dovuto fare un minimo di ricerca successivamente per riordinare un po' le mie idee, ma fu comunque un interessante spunto per stimolare la mia curiosità e mantenere vivo il mio interesse per l'argomento.

Lì le mucche concepiscono e partoriscono secondo natura, in grandi pascoli, prati e boschi. Ogni mandria è composta da mucche, uno o due tori, e i vitelli vengono allattati dalla madre fino all'età di 7 o 8 mesi. Già, a partire dal primo mese di età, i vitelli imparano a pascolare l'erba fresca e socializzare tra i loro coetanei, formando dei "gruppi di gioco" caratteristici. La loro dieta è equilibrata in base alla loro età: ai bovini destinati alla macellazione, circa 60 all'anno, vengono somministrati (oltre al foraggio) orzo, mais, fave e piselli.

Nel periodo invernale da Dicembre ad Aprile gli stessi sono ammessi al fienile e vengono alimentati solo con foraggio prodotto in azienda: 7,5 kg di fieno e 15 kg di fieno verde. Anche a pascolo in inverno, la mandria ha circa 16 chilogrammi al giorno di fieno negli alimentatori di balla. Le mucche da allevamento vengono alimentate manualmente con 6 kg di fieno e 3 kg di una miscela di cereali e ricevono il 25% in più della normale razione più sopra.

I vitelli (da 3 mesi a 8 mesi) vengono lasciati fuori con le madri con abbondanza di fieno a disposizione, e 2,5 kg di miscela di cereali e fave. Quindi vengono separati e alimentati con 6 kg di fieno e una miscela costituita da orzo, mais e fagioli. Mi aveva descritto anche

Denaro in Circolo

Pensieri sull'Economia, Trading in Borsa e Finanza Domestica

le attività legate alla gestione dell'infrastruttura e dei processi come la pulizia delle stalle e i lavori di ristrutturazione e manutenzione delle stesse, ma anche organizzazione del lavoro, del materiale e gestione dell'acqua, come assicurare la continuità e un piano di alimentazione, studiare le razioni dopo lo svezzamento, l'allattamento, la gravidanza e i parti. Bisogna valutare lo stato di salute dei vitelli e della madre e l'utilizzo ottimale di concimi organici, trattori e macchine agricole. Per queste ultime va curata la loro rimessa alla fine dell'utilizzo e organizzare l'immagazzinaggio di attrezzature, pezzi di ricambio, carburante e olii per assicurarne la loro pronta disponibilità.

Per quanto riguarda i pascoli, c'è da curare i recinti con il controllo e la sostituzione dei pali che sono danneggiati, controllare i corsi d'acqua nel pascolo e garantirne una sufficiente disponibilità. Bisogna seguire attentamente la gestione dei parti, registrare le nascite e controllare lo stato di salute generale dell'allevamento, in particolare dei vitelli. E' importante la gestione dei pascoli per garantire uno sfruttamento ottimale successivamente agli spostamenti delle mandrie. Infine è fondamentale la preparazione del terreno per il fieno (semina, fertilizzazione organica, concime) e la raccolta di fieno, imballaggio, spostamento delle balle e la sistemazioni di foraggio dei fienili. Con queste informazioni di massima qualche ricerca e semplificazione, cercai di costruire il suo business case per calcolare il prezzo giusto della vendita di un chilo di carne, cimentandomi in un puzzle che ho poi successivamente condiviso con lui. Devo ammettere che non sono ancora sicuro se la sua reazione era più di sorpresa oppure sconcerto, di fronte alla confusione dei numeri che gli avevo mostrato. Avevo infatti cercato di razionalizzare al massimo quel mondo che ruotava da decenni, forse secoli, intorno a tradizioni, esperienze, dinamiche sociali, eventi meteorologici e stagionali, costruendo un piccolo modello finanziario. Alla fine non siamo entrati più di tanto nel dettaglio, ma abbiamo avuto un'altra bella chiacchierata e abbiamo trascorso un altro pomeriggio in relax.

Denaro in Circolo

Pensieri sull'Economia, Trading in Borsa e Finanza Domestica

Per il lettore che fosse interessato all'analisi di dettaglio avevo ipotizzato le seguenti condizioni al contorno:

Ambiente aziendale e condizioni al contorno	Qtà
Estensione del terreno (ettari)	70
Produzione e analisi dei costi (anno)	1
Nr. mucche (unità)	67
Vita media di 1 mucca (anni)	10
Numero di vitelli prodotti all'anno (unità)	57
Peso alla macellazione vitello (kg)	500
Peso al 60% valore (kg)	300
Produzione di balle su 70 ettari (numero)	800
Kg di fieno al giorno per una mucca oltre un anno (kg)	16
Kg di fieno al giorno per un vitello superiore a un anno (kg)	6
Numero di balle per anno necessarie a una mucca (unità)	6
Numero di balle per anno necessarie a un vitello (unità)	6
Costo di produzione di balle €	71.64
Costo Ora di lavoro €	15.00
Costo benzina per litro €	0.80
Peso balla (kg)	365

ed avevo ottenuto tre fogli di calcolo che davano più o meno un indicazione sulle componenti del prezzo di un chilo di carne alla vendita.

Nicola Matarese

ALIMENTAZIONE

FORAGGI FRESCHI

	costo per kg	kg per ettaro	costo per ettaro	costo pe ettaro per anno	costo for 70 ettari per anno
ErbaMedica/Lucerna (ogni 5 anni)	5,2	40	€ 208,00	€ 41,60	€ 2912
					€ 2912

PRODUZIONE BALLE DI FIENO

	Ore uomo per ettaro	Gasolio per ettaro in Lt	Costo manodopera per ettaro	Costo gasolio per ettaro	costo per 70 ettari all'anno
Raccolta Fieno	0,8	1,95	€ 12,00	€ 1,56	€ 949
Fertilizzanti Naturali	1,6	1,78	€ 24,00	€ 1,42	€ 1780
Macinazione	1,8	4,89	€ 27,00	€ 3,91	€ 2164
Preparazione Terreno	1,4	2,5	€ 21,00	€ 2,00	€ 1610
Semina	0,6	1,51	€ 9,00	€ 1,21	€ 715
Raccolto e imballaggio	35	151,08	€ 525,00	€ 120,86	€ 45210
Movimentazione e Stoccaggio	4,3	6,66	€ 64,50	€ 5,33	€ 4888
Totale	**45,3**	**170,37**	**€ 682,50**	**€ 136,30**	**€ 57316**
					€ 57316

MANTENIMENTO PASCOLI

	Ore uomo per ettaro	Gasolio per ettaro in Lt	Costo manodopera per ettaro	Costo gasolio per ettaro	costo per 70 ettari all'anno
Fertilizzazione Naturale del terreno (10 volte per anno)	8	8,89	€ 120,00	€ 7,11	€ 8898
Taglio Fieno (10 volte per anno)	6	26,66	€ 90,00	€ 21,33	€ 7793
Mantenimento Forestazione (10 volte per anno)	1,5	0,44	€ 22,50	€ 0,35	€ 1600
Raccolta legno e trasporto (10 volte per anno)	1,5	6,66	€ 22,50	€ 5,33	€ 1948
Mantenimento Recinti (una volta per anno)	4	2,22	€ 60,00	€ 1,78	€ 4324
Totale	**21**	**44,87**	**€ 315,00**	**€ 35,90**	**€ 24563**
					€ 24563

ALTRI COSTI

Alimenti Supplementari	€	37000
Affitto Terra	€	8000
Ammortamento Macchinari	€	10759
Totale	**€**	**55759**
		€ 55759

TOTALE COSTO PER ALIMENTAZIONE	€ 140'349
TOTAL COSTO SI ALIMENTAZIONE PER VITELLO	€ 2'462
COSTO PER KG CARNE ALLA VENDITA	**8,21**

ALTRI COSTI

ALTRI COSTI

AMMINISTRAZIONE	€	25569
		€ 25569

TOTALE ALTRI COSTI	€ 25'569
TOTALE ALTRI COSTI PER VITELLO	€ 449
COSTO PER KG CARNE ALLA VENDITA	**1,50**

Denaro in Circolo

Pensieri sull'Economia, Trading in Borsa e Finanza Domestica

COSTI DI MACELLAZIONE

COSTI VARIABILI

	costo		costo for 57 vitelli	
Scarti di macellazione	€	150,00	€	8550,00
Manodopera Macellaio	€	100,00	€	5700,00
Manodopera Imballaggio	€	80,00	€	4560,00
Manodopera per consegna	€	40,00	€	2280,00
Gasolio per consegne	€	50,00	€	2850,00
Imballaggio	€	60,00	€	3420,00
Totale	€	**480,00**	€	**27360,00**

COSTI FISSI

	costo	
Affitto Laboratorio	€	1200,00
Costi Laboratorio	€	4500,00
Costi Furgone	€	8000,00
Altri Ammortamenti	€	5959,00
Totale	€	**19659**

TOTALE COSTO MACELLAZIONE	€	**47019**
TOTALE COSTO MACELLAZIONE PER VITELLO	€	**825**
COSTO PER KG CARNE ALLA VENDITA		**2,75**

COSTI DI ALLEVAMENTO

PRODUZIONE DI VITELLI

	Costo		Costo per 67 mucche
Costo di acquisto di 1 mucca	€ 1800,00		
Costo di acquisto di 1 mucca per anno	€	180,00	€ 12060,00

MANODOPERA

	Numero di Persone	ore/giorno	giorni	Ore / anno	Costo Manodopera per anno
Inverno	2	6	180	2160	€ 32400
Estate	1	6	180	1080	€ 16200
Transumanza (ogni 10giorni durante i 6 mesi estivi)	2	2	18	72	€ 1080
Totale				**3312**	€ **49680**

ALTRI COSTI PER ALLEVAMENTO

Ammortamento Macchine	€	10858

TOTALE COSTO DI ALIMENTAZIONE	€	**72598**
TOTALE COSTO DI ALIMENTAZIONE PER VITELLO	€	**1'274**
COSTO PER KG CARNE ALLA VENDITA		**4,25**

TOTALE COSTO PER KG CARNE ALLA VENDITA	**€ 16,70**

1.2. SECONDA RIVOLUZIONE ECONOMICA: LA PRODUZIONE INDUSTRIALE

1.2.1. La Globalizzazione

La rivoluzione industriale ha lanciato le basi per approcciare l'attività produttiva per processi con l'obiettivo di minimizzare i costi, ampliando l'accessibilità alle merci che, se fatte dagli artigiani, erano solo per alcuni consumatori più ricchi. Insieme alla progressiva globalizzazione, è stato il passo più grande verso la democratizzazione dei consumi.

Di fatto, il progresso tecnologico, insieme ad una maggiore disponibilità di manodopera e sistemi di organizzazione del lavoro, ha spinto l'evoluzione dal "lavoro in serie" a un sistema di produzione "in parallelo".

Il lavoro è stato progressivamente suddiviso in singoli micro-compiti il che ha conseguentemente portato a una più profonda specializzazione dell'operatore che li svolge.

Ciò ha fatto in modo che il prodotto finale e le sue proprietà intrinseche provengano dallo sviluppo, assemblaggio e integrazione di componenti più "piccoli", "elementari", di una moltitudine di semplici attività, che proprio per questo motivo sono più semplici da migliorare.

Denaro in Circolo

Pensieri sull'Economia, Trading in Borsa e Finanza Domestica

Secondo la teoria economica di Adam Smith nella "Ricchezza delle nazioni", la divisione del lavoro riveste un ruolo di primaria importanza nello sviluppo e nella capacità di produzione di un sistema manifatturiero. La divisione del lavoro aumenta la capacità di un lavoratore di eseguire una particolare operazione nel processo produttivo e riduce i tempi morti dovuti al passaggio del lavoratore da un'operazione all'altra.

Prendiamo un esempio di costruzione di un bene generico (una vite e un bullone da assemblare) prodotto con un processo suddiviso in due fasi su due stazioni, senza divisione del lavoro, con una produzione per esempio di 20 pezzi all'ora.

Nella prima fase (A) i bulloni vengono messi nella loro posizione su un'apposita sede e nella seconda fase (B) vengono aggiunte e serrate le viti. Un operatore prende i bulloni e li mette nella sede alla prima stazione. Successivamente, lo stesso si sposta portando con se la sede con i bulloni nell'altra stazione (tempo morto, o t1) per abbinare le viti e stringere. Al termine di questa seconda operazione, ritorna alla stazione precedente (tempo morto o t2) per iniziare a lavorare sul prodotto successivo.

Per ogni prodotto, si registra tempo improduttivo pari a t1 + t2. Se l'officina avesse due operatori impegnati nello stesso lavoro, il ritardo di tempo sarebbe moltiplicato per due e, se i gli stessi utilizzassero risorse comuni (come gli stessi banchi), avrebbero da gestire anche il problema delle code.

Secondo l'economista inglese, la produttività del lavoro può aumentare da una diversa organizzazione dei compiti.

Affidando al primo lavoratore solo il suo compito del bullone e al secondo quello della vite, nessuno dei due si sposta dai loro luoghi di lavoro. Si prevede che solo le unità di prodotto semilavorato si muovano e che i due lavoratori non interferiscano con spostamenti o condividendo lo stesso spazio.

Nel corso del tempo, il primo lavoratore è specializzato in operazioni sul bullone, perché esegue solo quell'attività. Questa specializzazione del lavoro significa che il primo operatore può lavorare su più unità di prodotto in un'ora perché è più abile, più veloce e fa meno errori. Lo stesso accade al secondo, addetto all'operazione con le viti. Entrambi i lavoratori sono diventati più produttivi. La divisione del lavoro ha aumentato la produttività di ogni lavoratore per esempio da 20 a 30 pezzi prodotti all'ora, a fronte dello stesso capitale investito in mezzi di produzione (sempre gli stessi due banchi e le due persone).

Vediamo cosa è successo in Cina nei primi anni successivi all'anno 2000. Al di la di altre motivazioni legate al quel sistema sociale, la loro enorme disponibilità di manodopera ha permesso di suddivi-

Denaro in Circolo

Pensieri sull'Economia, Trading in Borsa e Finanza Domestica

dere il lavoro in semplici micro attività per svolgere le quali l'abilità del lavoratore era ridotta al minimo e quindi a bassissimo costo. I costi complessivi sono diminuiti, la produzione è aumentata e il mondo occidentale, anche a fronte di una perdita di posti di lavoro, ha avuto la possibilità di avere televisori al plasma e LCD meno costosi, processori di computer più veloci, tessuti e mobili. Questi, come ogni altra cosa materializzata dalla creatività dei paesi avanzati, sono stati dati in pasto a paesi ad alta intensità di lavoro e distribuite ai consumatori di tutto il mondo a prezzi molto più accessibili di prima.

1.2.2. Il Confine tra Bisogni e Desideri

Ho letto una volta una storia su un giornale che riportava un colloquio tra due amici: "Qualche giorno fa, mio figlio si è sposato. È un impiegato come lo ero io alla sua età; anche sua moglie lavora ma mi dicono che oggi, uno stipendio non basta. Ora, la domanda è questa: quando mi sono sposato nel 1969, il mio stipendio non era elevato ed anche se mia moglie non lavorava, ho potuto mantenere una famiglia. Ora le statistiche dicono che siamo molto più ricchi di prima. Perché, allora, prima il mio stipendio bastava per me e mia moglie di allora, e oggi non più?"

Penso che lamentarsi dei soldi con i genitori è quasi un comportamento naturale, ma la questione lì dipende più dal tenore di vita che pretendiamo.
Quando eravamo bambini giocavamo a tennis con racchette di legno che pesavano come macigni. Oggi usiamo racchette ultraleggere in fibra di carbonio per l'industria aerospaziale.
Se esco e mi rendo conto che ho dimenticato il mio cellulare, mi sento come se non avessi indossato il mio cappotto il 29 gennaio o come se avessi dimenticato i miei occhiali per guidare in autostrada di notte. Oggi quasi tutti hanno una macchina; e tutte le vetture hanno sistemi di parcheggio, sensori di distanza, ABS, e altre caratteristiche che allora erano considerati un lusso.
Quando avevo 7 anni, mia madre mi cuciva e riadattava i vestiti dei nostri cugini, riparava giubbetti e riusciva a cucirmi anche dei bellissimi costumi di carnevale. In breve, se il figlio nella storia sopra vivesse con gli stessi beni e servizi del '69, allora, il suo stipendio sarebbe più che sufficiente. Sfortunatamente o fortunatamente, tali beni e servizi non esistono più, anche volendo, e il tenore di vita richiede ora[6] "tutto e di più" a più o meno gli stessi costi.

---

[6] Gli economisti classici ha detto che "l'offerta crea la propria domanda"

Denaro in Circolo

Pensieri sull'Economia, Trading in Borsa e Finanza Domestica

Scrivo queste righe in quello stesso giorno in cui Trump è diventato il presidente degli Stati Uniti, e mi convinco sempre più che i suoi principi anti-globalizzazione sono economicamente sbagliati. Perché dovrei preoccuparmi di difendere la delocalizzazione delle fabbriche di produzione o di salvare il mercato del lavoro se poi i beni prodotti sono così costosi che non me li posso permettere? Questo è probabilmente ciò che il mondo occidentale ha pensato prima che facesse outsourcing in paesi a basso costo, e questo è ciò che i lavoratori cinesi, indiani, o il popolo pakistano forse pensano oggi quando si recano a lavoro.

Il giovane medio del mondo occidentale ha spesso difficoltà nel trovare un buon lavoro, ma ha un istruzione scolastica più o meno elevata, mangia tre volte al giorno, esce il sabato sera, e ha almeno uno smartphone 4G. I giovani dei paesi in via di sviluppo, lavorano 14 ore al giorno, a 1$ al giorno di paga e non so' quanto possano permettersi di acquistare i prodotti che loro stessi contribuisce a costruire.

Ogni uomo è ricco o povero nella misura in cui egli è in grado di procurarsi i suoi mezzi di sussistenza, stare comodi, e godersi i piaceri della vita.

La domanda è: per quanto tempo questo resterà ancora possibile per noi occidentali?

L'outsourcing è una buona cosa finché questo dà al mondo occidentale la possibilità, il tempo e le risorse necessarie per concentrarsi su attività a maggior valore aggiunto (ricerca e sviluppo); in caso contrario, la pacchia sarà presto finita.

Gli stabilimenti di produzione dei paesi in via di sviluppo avranno probabilmente cominciato ad avere i propri centri di creatività, e la probabilità che la prossima rivoluzione tecnologica avverrà in quella che è attualmente definito il mondo industrializzato, sta scendendo drasticamente.

Considerando l'aumento del livello di istruzione e formazione professionale nei paesi in via di sviluppo e delle attività di trasferimento di tecnologia e know-how, i paesi emergenti cominceranno presto anch'essi a fare innovazione.

Questo significherà probabilmente un aumento dei costi e una nuova spinta a trovare altre fonti di produzione di massa a basso costo che potrebbe rimanere commercialmente interessante (basta guardare a quello che la Cina sta facendo in Etiopia e in altre regioni sud-sahariane); almeno fino a quando, dopo un'altra grande crisi, emergeranno ancora nuove opportunità.

Denaro in Circolo
Pensieri sull'Economia, Trading in Borsa e Finanza Domestica

1.2.3. Nel Circolo

Ogni datore di lavoro, almeno in linea di principio, vorrebbe avere i suoi dipendenti come se fossero robot, senza problemi psicologici, vacanze, o commenti - solo prestazioni.

Se mai questo fosse possibile, l'intero sistema economico funzionerebbe alla massima efficienza con produzione a costi minimi. In un ambiente puramente competitivo, il basso costo del prodotto abbassa i margini e l'unico modo per compensare sarebbe un aumento dei ritmi di produzione. A lungo andare, tale sistema, insieme all'abbondanza dell'offerta, non avrebbe nessun valore senza innovazione. Vi interesserebbe davvero avere il $4°$ televisore a tubi catodici in un appartamento di 3 camere?

Come vedremo nella prossima sezione di questo libro, quando raggiungiamo lo stato di nessuna utilità marginale, non ci sarà alcun guadagno e non ci sarà neanche nessun interesse a produrre. Le aziende non saranno in grado di pagare i loro debiti. Chiuderanno e licenzieranno i loro dipendenti i quali non avranno i soldi per comprare altri prodotti da altre aziende. Le altre aziende vedranno i loro profitti in discesa, e chiuderanno anche loro. Altri dipendenti saranno licenziati, e tutto il sistema cadrà in una spirale deflazionistica. Il mondo sarà finito e il televisore sarà l'ultimo dei vostri problemi.

La ripresa torna quando i più forti sopravvissuti iniziano a reinvestire in attività di produzione, e successiva vendita, a costi ridotti per l'effetto della crisi stessa, generando profitti e mettendo il sistema in moto di nuovo.
In un clima di rinnovato ottimismo, la riduzione del costo del lavoro contribuisce allo stesso recupero, così come l'accesso al credito. Le banche creano denaro e effettuano prestiti per permettere al produttore di un bene particolare di acquistare attrezzature e alimentare il proprio business incrementando la produzione e riducendo i costi. E qui, ancora una volta, abbiamo le nuove tecnologie, nuovi processi, nuove macchine, una maggiore produzione, e un'altra crisi.
La creatività, progettazione e sviluppo, la prototipazione e il lancio dei primi prodotti di serie sono le fondamenta per la nostra continua crescita. La creatività è l'ingrediente nella produzione che fa ancora la differenza a favore del mondo industrializzato.
E' chiaro che un paese, regione, laboratorio o università che dimostri la capacità di grandi invenzioni, innovazioni e miglioramenti degli standards si manifesta in quegli ambienti in cui i lavoratori e i ricercatori sono in stretto contatto con la conoscenza e, naturalmente, con una brillante attività di investimento di capitale.

Denaro in Circolo

Pensieri sull'Economia, Trading in Borsa e Finanza Domestica

Tuttavia, i costi crescenti per alimentare il lato creativo delle nuove tecnologie, spesso legate ad avanzate infrastrutture e attrezzature da lavoro, sono connessi all'incremento dei costi di assunzione.

La crescente richiesta di ingegneri e scienziati, comporta la necessità di selezionare e affidare parte del lavoro, la meno nobile, in altri luoghi in cui i salari e i prezzi non sono ancora stati viziati dal successo economico.

Per tornare alla domanda del 4° televisore a tubi catodici, la risposta è : di sicuro non lo vorremo, ma se si potesse avere un LED 3D o Curve TV, forse ci possiamo pensare.

1.2.4. Intensità di Lavoro o Intensità di Capitale?

Nella mia esperienza professionale in campo aerospaziale, all'inizio di ogni nuovo progetto di progetto e sviluppo di un aereo, o di un suo sistema, abbiamo sempre bisogno di decidere il livello di coinvolgimento dei fornitori.

Possiamo avere diversi casi, ai cui estremi troviamo:

1. un approccio con approvvigionamento di sistemi chiamato Tier 1 (un fornitore solo per un sistema completo, come il sistema idraulico per esempio, dove lo stesso fornitore consegna la pompa, i condotti e le valvole, tutto integrato) oppure

2. un approccio con approvvigionamento per componenti (esempio: un fornitore per la pompa, uno per i condotti, uno per la valvola).

Nel primo scenario, i fornitori prendono una grande parte del velivolo e hanno la responsabilità di gestire i propri fornitori con effetto a cascata.

Il costruttore di aerei (OEM - Original Equipment Manufacturer) avrà prezzi di acquisto dei suoi sottosistemi più elevati, ma una più bassa esposizione in termini di costi interni.

Gestire l'integrazione di interi sistemi forniti da dieci grandi fornitori non sarebbe così critica come lo sarebbe se dovessimo farlo nel caso in cui avessimo 100 fornitori come nel caso di approccio a livello di componente (secondo scenario).

Denaro in Circolo

Pensieri sull'Economia, Trading in Borsa e Finanza Domestica

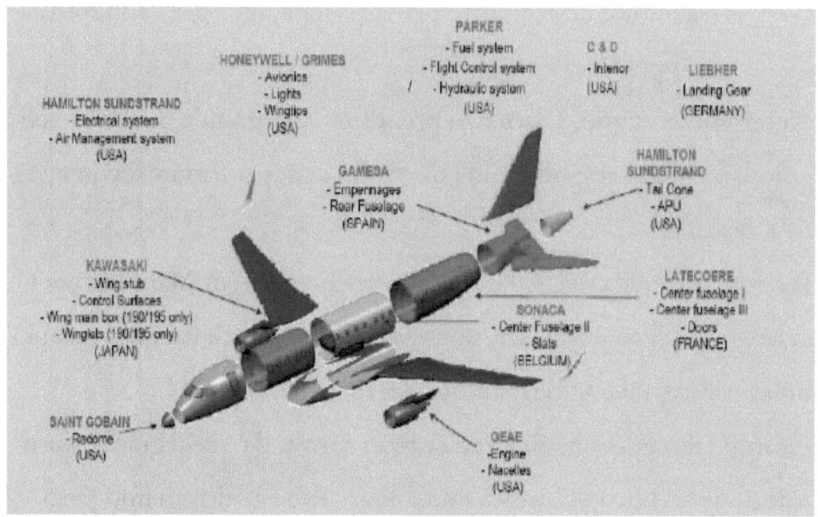

Figure 1. Risk Sharing Partnerships of the ERJ – 170/190 Program
Source: Embraer Company

In quest'ultimo caso, andando direttamente alla fonte, il prezzo di acquisto sarà sicuramente più basso, ma l'integrazione dei singoli attuatori, centraline elettroniche e cavi elettrici sarà indubbiamente superiore.

Quando si parla di integrazione e interfacciamento di due sistemi o due componenti, intendiamo migliaia di ore di progettazione, modifiche, documentazione, prove di laboratorio e test degli aerei a terra e in volo, e molteplici cicli iterativi di correzione.

Per un velivolo di 5 milioni di dollari, i costi non ricorrenti (investimento) potrebbero arrivare a 50 volte tanto.

Costo del progetto	Percentuale
Ore-Uomo Interne (R &S e gestione)	50%
Fornitori e Outsourcing ingegneria, Test, Prototipi	40%
Attrezzature di produzione	8%
Marketing	2%

Costi per aereo	Percentuale
Materiali, sistemi e componenti (motore, displays etc)	70%
Spese di Trasporto (fornitori)	1%
Parti Prodotte Internamente	20%
Ore-Uomo Interne - Assemblaggio strutturale	2%
Ore-Uomo Interne – Cablaggi	1%
Ore-Uomo Interne di integrazione dei sistemi, di completamento, verniciatura	5%
Prove di Volo	1%

Come questi 250 milioni (i 5 milioni per 50) sono suddivisi tra i costi interni ed esterni, sarà anche parte della strategia della società, a seconda dei tassi di cambio valuta tra diversi paesi, lo stato generale dell'azienda e le aspettative.

Con il livello di tecnologia di oggi, è impossibile avere un OEM che sia in grado di costruire le proprie parti strutturali in alluminio e materiali compositi, i motori, avionica e pneumatici; solo per citarne alcuni.

Denaro in Circolo

Pensieri sull'Economia, Trading in Borsa e Finanza Domestica

Un tale livello di integrazione verticale per cui l'azienda è in grado di progettare, sviluppare, produrre e supportare la manutenzione di un intero aereo sarebbe enorme, con elevatissimi costi gestione, complessi processi, grandi infrastrutture e notevole esposizione finanziaria.

D'altro canto, questa azienda avrà il completo controllo del know-how della progettazione e della produzione, e sarà completamente indipendente da qualunque azienda terza.

Quanto ciò sia importante per l'assemblaggio di parti metalliche o per la integrazione di una baia avionica (giusto per prendere due casi all'opposto), è parte della scelta di andare verso un attività ad alta intensità di lavoro o alta intensità di capitale, ma ben spiega il concetto.

Siamo, dunque, nel bel mezzo del campo di battaglia tra "outsourcing", per contenere i costi e concentrarsi solo sulle attività ad alto valore aggiunto, e "integrazione verticale" per preservare tutto il know-how e avere in casa la conoscenza per l' ulteriore sviluppo tecnologico.

1.3. TERZA RIVOLUZIONE ECONOMICA: LA CONNETTIVITA

1.3.1. Niente pasti gratis in Economia, ma oggi sono meno cari di prima

Un vecchio proverbio cinese dice: "Se volete creare ricchezza, create strade". Prima gli antichi Egizi, i Babilonesi e poi i Romani espansero il loro dominio con l'enorme beneficio che ricavarono dalla loro capacita di spostarsi per mare o attraverso le loro strade. Nel 1500 Venezia era una delle città più prospere d'Europa grazie ai mercati che misero in contatto l'occidente con l'oriente, e nel XVII secolo la Gran Bretagna era il più grande impero della storia grazie alla potenza delle sue flotte.

L'invenzione del motore a scoppio, le prime automobili, l'elettricità e poi la radio, il telefono, il cinema, la televisione, il trasporto aereo, l'elettronica e l'informatica sono altri aspetti di come la tecnologia delle comunicazioni si è evoluta e diffusa in tutto il mondo.

Lo sviluppo dei sistemi di comunicazioni fino al punto in cui li conosciamo ora, ha offerto una sempre maggiore opportunità di fare affari.

Denaro in Circolo

Pensieri sull'Economia, Trading in Borsa e Finanza Domestica

I mercati di acquisto o di vendita hanno così trovato le giuste risorse o il cliente giusto in tempi via via più ridotti e quindi a costi minimi.

Senza neanche considerare i benefici culturali e sociali ottenuti ampliando le nostre conoscenze, lo scambio di informazioni ci ha permesso di ottimizzare qualsiasi attività commerciale, ridurre l'inflazione e stimolare la concorrenza. Quando compriamo qualcosa scambiamo un bene per contanti. Siamo pronti a dare via quei soldi perché pensiamo che l'utilità che traiamo dall' acquisto è maggiore del sacrificio (o "inutilità") di dare via i nostri soldi. Come, dopo una trattativa, possiamo essere sicuri di aver ottenuto la massima utilità da quello scambio e quindi di aver spuntato il prezzo migliore? In un ambiente perfettamente competitivo, l'economia classica ha una risposta: il prezzo che troviamo con la più ampia analisi di mercato è il meglio che possiamo ottenere. Oltre al fatto che è nell'interesse del macellaio o del fruttivendolo sotto casa di darci i migliori prodotti ai migliori prezzi, al fine di non perdere la nostra fedeltà, la questione è individuare in quale caso ci sia concorrenza perfetta o meno. In realtà, se guardiamo alla situazione di mercato da una prospettiva più ampia, il nostro negozio di alimentari è probabilmente il più vicino a dove vivo. Forse conosco il proprietario e mi piace parlare con lui di tanto in tanto, e quel posto è probabilmente il mio preferito, anche se devo pagare un piccolo costo aggiuntivo.

Il fatto che siamo a conoscenza o meno di questo supplemento di costo è, tuttavia, un altro elemento complesso di questo argomento.

Per capire meglio, dovremo fare ricerche di mercato, fare telefonate, e forse guidare alcune chilometri ma, probabilmente, bruceremo, in anticipo, i costi supplementari che abbiamo originariamente immaginato; più il tempo e lo stress. Oggi, con l'informatica e le telecomunicazioni, il costo delle informazioni (se non consideriamo il tempo speso per la nostra ricerca) è quasi nullo.

Alla base di una ricerca di mercato efficace, l'informazione gioca un ruolo fondamentale; che si tratti di comprare un vestito o un biglietto aereo o le azioni di una società (per quest'ultimo tuttavia c'è qualche eccezione come vedremo a causa degli HFT nel prossimo capitolo).

Ciò che Internet ha fatto è quello di rendere la competizione, anche se non perfetta, meno imperfetta rispetto a prima, dando all'acquirente più possibilità di cercare il miglior prodotto al miglior prezzo.

Lo stesso vale per un negozio di borse: c'era un tempo in cui questo non vendeva tutte le borse che poteva, per una non ottimale

Denaro in Circolo

Pensieri sull'Economia, Trading in Borsa e Finanza Domestica

posizione del negozio o per la limitata esposizione della sua vetrina, mentre ora è possibile avere potenziali clienti da tutto il mondo e servirli allo stesso tempo.

Allo stesso modo i compratori, possono utilizzare i motori di ricerca e sapere quanti e quali borse sono disponibili in tutto il mondo.

Non a caso, gli acquisti online sono aumentati in modo esponenziale, e questo fenomeno ha spinto la stragrande maggioranza delle aziende ad acquisire le proprie soluzioni di e-commerce.

Un modello di business digitale, in aggiunta a qualsiasi altro canale di vendita tradizionale, è diventato una necessità, portando notevoli vantaggi oggettivi:

• Si risparmia tempo

• Permette, in modo semplice e veloce di confrontare i prezzi

• Apre il mercato di tutto il mondo, presentando una più ampia gamma di scelta e di opportunità.

Amazon, eBay, Airbnb, Cocontest, Zooppa, Home Restaurant, Etsy, Toluna, Udemy O Skillshare, Smartpassiveincome, Trnd, e Paypershopping, solo per citarne alcuni, sono alcuni interessanti casi di sharing economy che ho trovato e che rappresentano un esempio di incomparabile genialità. Ognuno di essi rappresenta un esempio di concorrenza perfetta e, naturalmente, un opportunità di fare buoni affari.

1.3.2. Vittime del nostro successo

In una conferenza tenuta nel 1928, Keynes ha descritto il fenomeno del progresso tecnologico come la nostra più grande opportunità di rompere con gli impegni di lavoro e dedicarci di più ad attività ricreative, godendo di una settimana di 20 ore di lavoro, pur mantenendo la stessa produttività.

Con la semplificazione di molte attività che circonda la nostra vita quotidiana (come non fare più la coda in banca), si pensava che, con il maggior tempo a disposizione, ci si potesse concentrare su attività più nobili, coma la filosofia e l'arte, essere più felici e avere più stimoli per fare meglio il nostro lavoro.

Nel mio ufficio, il 30/50 per cento del mio tempo è dedicato solo alla lettura e l'elaborazione messaggi di posta elettronica, e controllo le mie email, fino a 15 ore al giorno - a volte anche nei giorni festivi. Ormai infatti ci si aspetta che, poiché tanti compiti sono diventati molto più semplici, rispondere ad una email di domenica non tolga nulla al nostro tempo libero.

Ciò che mi fa vedere comunque questo aspetto in ottica positiva è il fatto che spesso, ma non sempre, leggere o rispondere a email durante il weekend è una nostra scelta. Semplicemente siamo consapevoli che con lo stesso livello di impegno e fatica, abbiamo la possibilità di generare più valore rispetto a prima; e va benissimo. Il futuro del lavoro non sarà fatto di turni 08,00 – 17,00, né dovrà essere necessariamente fatto in un ufficio. Ora vogliamo la libertà e la flessibilità ed essere responsabili del proprio destino. Comunque la prendiamo, le nuove tecnologie e il progresso, grazie a o a causa del loro successo, hanno cancellato tutti i confini tra lavoro e tempo libero, lavoro e riposo, lavoro e viaggio.

1.3.3. Una chance per tutti

Per chi come me in questi ultimi anni ha vissuto il peggior disastro finanziario mai visto, la terza rivoluzione economica ha rivelato delle enormi opportunità per reinventare noi stessi, mettendo in discussione quella nostra area di "comfort zone" e trarne profitto. Il crollo del costo delle informazioni ha reso infatti l'intero sistema economico più efficiente, e ci ha permesso di metterci in una situazione in cui quasi tutti ci guadagnano.

Per esempio è molto semplice creare un negozio online, e non richiede elevate competenze tecnologiche.

La cosa più importante è avere belle foto dei prodotti che vogliamo vendere, e avere la pazienza di creare le giuste descrizioni.

Vendere su eBay è molto semplice: si può iniziare con un investimento relativamente basso (da 19,95 € fino a 39,00 € al mese). Recentemente Amazon, uno dei più grandi venditori e-commerce al mondo, ha dimostrato di essere la prima azienda web & software in termini di fatturato, superando anche il gigante Microsoft. Il vantaggio più immediato di avere un negozio online è quello relativo all'ampiezza del suo pubblico potenziale. Un sito di e-commerce consente di raggiungere un numero di potenziali clienti, più che con qualsiasi attività commerciale tradizionale. Un sito di e-commerce materializza il sogno di ogni venditore: vendere ovunque, in qualsiasi momento e a chiunque! Ognuno con un computer o uno smartphone e una connessione a Internet sarà, potenzialmente, il vostro cliente. Non è necessario pagare l'affitto o assumere dipendenti per ricevere i clienti.

Nella fase di stesura del business plan, è necessario definire bene l'obiettivo seguendo semplici accorgimenti:

• Identificare il prodotto che si desidera vendere: grande o piccolo, caro o a buon mercato. La selezione di una buona nicchia in cui si vuole entrare vi aiuterà nei passi successivi.

• Scegliere il nome di dominio con attenzione: poiché la parte finale è sempre .com o .net, la prima parte sarà quella che vi renderà

Denaro in Circolo

Pensieri sull'Economia, Trading in Borsa e Finanza Domestica

diverso dagli altri [7]. Fate attenzione che il nome che si sceglie sia in qualche modo legata ai prodotti che si vende.

• Acquistare un servizio di web hosting. L'hosting è lo spazio virtuale che ospita il vostro sito web, rendendolo disponibile in rete e accessibile dagli utenti web in tutto il mondo.

• Fare attenzione al contenuto e alla grafica del sito: saranno la "casa" della vostra attività. Il design del sito web è quello che incoraggia gli acquirenti a rimanere e fare acquisti. Ricordatevi di includere, oltre al carrello della spesa e le schede tecniche dei prodotti che regolano le attività di vendita, il vostro contatto (possibilmente via telefono) e i link alle pagine dei social media.

• Ottenere un "CMS-commerce". Questo è il software che consente agli acquirenti di sfogliare le categorie di prodotti che avete in vendita e creare il loro carrello della spesa dei prodotti che si vogliono acquistare. Molte di queste funzionalità software includono ulteriori opportunità per controllare la disponibilità dei prodotti in

---

[7] Su 123-reg.co.uk, GoDaddy.com, o Sedo.com, questo è possibile a partire da 10 Euro, e se siete abbastanza perspicaci da trovare domini liberi con nomi che hanno un potenziale commerciale, si può vendere anche per qualche migliaia di euro. Mi ricordo che qualche anno fa, quando il dominio VacationRentals.com è stato venduto per $ 35,000.000. Naturalmente, è molto difficile fare un colpo del genere, ma è ancora provare a fare una buona scommessa, investendo un po' di tempo in ricerca.

magazzino, creare documenti di spedizione. Le più popolari sono Magento e Prestashop (un programma "tutto incluso" è meno personalizzabile, ma più facile da attivare). Siti come Shopify, Bigcommerce, Carrello Elite e Volusio offrono soluzioni e-commerce che sono praticamente già pronte, a pagamento con un canone mensile. Per evitare confusione tra le offerte disponibili, si dovrebbe fare in modo che, oltre a comprendere tutti gli aspetti della creazione e mantenimento di un sito e-commerce, il software di e-commerce permetta anche di avere:

• Sistemi di pagamento sicuri e diversificati (carte di credito, PayPal e eChecks); massima protezione della riservatezza dei dati dei propri clienti; e la capacità di integrare le vendite con altri siti come Amazon e Ebay.

• Un programma di marketing. Tutte le aziende che cercano il successo con l'e-commerce devono avere una strategia per attirare i clienti. Tra le azioni di marketing più diffuse, è utile menzionare l'ottimizzazione dei motori di ricerca (SEO), pay per click, e campagne sui principali siti di social media.

1.4. QUARTA RIVOLUZIONE ECONOMICA: I SISTEMI COGNITIVI

1.4.1. Trascendence

Avete mai visto il film Trascendence? Ero in volo per Miami, e sono rimasto impressionato di come il tema dei concetti divini di ubiquità e di onnipotenza erano trattati e legati alla tecnologia e alla assoluta conoscenza. Parla di un inesauribile sistema di apprendimento virtuale, che si autoalimenta a ritmo di crescita esponenziale partendo dall'accesso alla totale conoscenza fino a prendere il pieno controllo della materia, tramite la manipolazione, sintesi e ricombinazione dei suoi elementi primari. Una macchina che migliora imparando: questa è la quarta rivoluzione.

Non esiste ancora una definizione esaustiva del fenomeno industria 4.0, ma in poche parole, può essere descritto come il processo che porterà alla produzione industriale automatizzata e interconnessa.

Queste nuove tecnologie digitali avranno un impatto profondo e si spiegheranno su quattro linee di sviluppo:

- L'utilizzo dei dati, la potenza di calcolo e la connettività, i Big Data, l'Internet of Things, machine-to-machine, e il cloud computing per la centralizzazione delle informazioni e la sua conservazione[8].

- Analisi dei dati: una volta che i dati vengono raccolti, devono produrre valore: oggi solo l'1% dei dati raccolti vengono utilizzati dalle imprese che possono ottenere benefici da " machine learning ", macchine che migliorano il loro rendimento da " apprendimento " dai dati raccolti e analizzati.
- L'interfaccia uomo-macchina, che coinvolge le interfacce sensoriali e la realtà virtuale avanzata ("augmented reality").
- Il passaggio da digitale a " reale " : la produzione con tecnologia additiva , la stampa 3D, la robotica, le comunicazioni, le interazioni machine-to-machine, e l'utilizzo di nuove tecnologie per immagazzinare e utilizzare l'energia in modo mirato, razionalizzando i costi e ottimizzare le prestazioni.

Ora che la potenza di calcolo per la comprensione, la contestualizzazione e il collegamento dei dati in modo da dare un senso alle informazioni non è più la sfida principale, le attuali tecnologie, più

---

[8] L' "Internet delle Cose" è un mercato enorme che, entro il 2020, a livello mondiale, raggiungerà 1,7 triliardi di dollari in prodotti e servizi

Denaro in Circolo

Pensieri sull'Economia, Trading in Borsa e Finanza Domestica

che semplicemente veloci e potenti, hanno bisogno di essere più intelligenti.

Ora siamo pronti ad entrare in un nuovo ecosistema di dispositivi con intelligenza artificiale: un mondo in cui le macchine imparano dalle macchine, dalle automobili autopilotate ai servizi avanzati di riconoscimento immagini, video e linguaggio.

La capacità di calcolo superiore del computer, infatti, ha contribuito a far risparmiare il tempo di apprendimento della macchina; ciò ha permesso la nascita di nuove applicazioni, dalla lavorazione immagini (esempi sono Prism e Artisto) per l'apprendimento ai sistemi predittivi.

Quando ho ricevuto il mio primo computer, un Commodore-64 nei primi anni '80, ero così eccitato sulle potenzialità di questa grande tastiera che pensai subito alla possibilità di fargli fare i miei compiti per casa.

Avevo immaginato il compito di descrivere un week end in montagna, e nella mia ingenuità, avevo pensato agli input che gli avrei potuto dare.

Vediamo:

- Volevo descrivere un campo in cui giocavo a calcio
- Volevo avere alcuni fiori gialli e rossi
- Correvo e giocavo con mio fratello

Io non so nemmeno se, con questi tre semplici input, la più avanzata macchina di oggi potrebbe elaborarlo meglio di una mente umana.

A quel tempo, sapevo che mi mancava la procedura per poter immettere questi input nella macchina, ma ero davvero convinto che fosse possibile.

Quando ho cercato di spiegare come il mio computer avrebbe potuto funzionare, mio padre minacciò : "Non provarci nemmeno!".

Purtroppo, dopo un po' scoprii che il mio Commodore64 non era lo strumento magico che speravo, ma era un semplice esecutore del linguaggio Basic utilizzando comandi tipo "IF and THEN", istruzioni che copiavo meccanicamente dal suo manuale di istruzioni.

1.4.2. Sistemi Cognitivi: non pensanti, ma macchine che interpretano

Google Play Music è un assistente basato su intelligenza artificiale e apprendimento automatico che, in base alle condizioni atmosferiche, la nostra posizione geografica, le attività che stiamo facendo, e il nostro stato d'animo, ci suggerisce la musica da ascoltare.

Denaro in Circolo

Pensieri sull'Economia, Trading in Borsa e Finanza Domestica

Quindi, se in un piovoso lunedì di ottobre siamo in ufficio, l'apprendimento automatico di "Big G" proporrà musica specifica per risollevare il nostro umore. Se, invece, siamo in palestra, l'assistente suggerirà qualcosa che ci può dare la giusta carica mentre corriamo sul tapis-roulant.

Durante un volo, o durante un'escursione sulle Alpi, Google Play Music funziona allo stesso modo, utilizzando un elenco di riproduzione che può anche funzionare offline. Ci sarà ancora un assistente a suggerire che musica possiamo ascoltare, ma ciò sarà in base a quello che abbiamo sentito di recente. E' una buona idea soprattutto per chi dimentica di caricare la musica direttamente nella memoria del suo smartphone.

Questo è un esempio di sistema cognitivo che permette l'elaborazione e la gestione delle informazioni non strutturate.

Essi analizzano e processano dati in tempo reale, imparano dalle esperienze passate, come affrontare situazioni specifiche e accelerano il processo decisionale dell'utente, proponendo una o più soluzioni. Altri simulano la capacità umana di leggere e comprendere la lingua in profondità, tramite algoritmi di intelligenza artificiale che lo fanno in modo simile al pensiero umano.

Alcuni di essi sono basati su mappe di linguaggio per mezzo di una rete semantica composta da un ricco set di ontologie, che contiene milioni di definizioni e relazioni tra concetti.

Per esempio rimuovono ogni ambiguità e identificano il significato proprio delle parole e le espressioni in base ai loro contesti, nonché le relazioni tra diversi concetti.

Assimilano nuove conoscenze da esperti umani, attingendo a testi scritti così come gergo, slang, giochi di parole, e altre sfumature del linguaggio.

La loro applicabilità potrebbe coprire una vasta gamma di settori, dalla sicurezza e prevenzione (con un controllo dinamico, al contrario di mere difese di video-controllo o di confine) per lo sviluppo delle relazioni con i clienti, migliorando i processi decisionali tramite analisi di aspetti sociali, la gestione della conoscenza e molti altri.

1.4.3. Flash-Crash

Londra 06102016 - qualcuno lo ha chiamato "fat finger".

C'era uno dei miei colleghi, un tedescone di 120 chili, che quando digitava sulla tastiera del suo computer con le sue manone prendeva almeno due tasti per volta. Ecco quello era un esempio di dito grasso.

Denaro in Circolo

Pensieri sull'Economia, Trading in Borsa e Finanza Domestica

Il 6 ottobre 2016, il robot delle sale trading ha eseguito l'ordine sbagliato di vendere (il "fat finger" che digita i tasti sbagliati) dopo aver male interpretato le dichiarazioni del presidente francese Francois Hollande. Sono dita, siano esse reali o virtuali, che toccando fisicamente o virtualmente il tasto sbagliato, che fanno scattare il crollo dei mercati. E' successo alla sterlina, che quel giorno crollava nei mercati asiatici del 6,1% in pochi istanti, sulla scia di vendite che l'avevano schiacciata su valori che non si vedevano da decenni.

Secondo gli esperti di mercato, l'attacco alla sterlina potrebbe essere stata guidata dalla iper-sensibilità di un algoritmo che si è attivato automaticamente elaborando i commenti riportati dal Financial Times e attribuiti al presidente François Hollande sulla Brexit.

In altre parole, il flash crash sarebbe stato causato dall' interpretazione affrettata delle parole del primo ministro francese, che sono state "tradotte" in un incoraggiamento a massicce vendite. Il rimbalzo è venuto due minuti più tardi, e questo conferma la teoria dell'errore nelle sale trading o, almeno, di non volontarietà.

Per spiegare ulteriormente il crollo improvviso, poi c'è la sua tempistica: è accaduto poco dopo l'una di notte, quando i volumi di scambio sono al minimo, quando le sessioni di trading in America erano state appena concluse e quelle asiatiche dovevano ancora

iniziare. "Londra ha deciso di procedere sulla via della Brexit. E penso che sarà una hard-Brexit".
Il Financial Times ha pubblicato on-line questo commento dall'Olanda alle ore 7.07 di Singapore ed ha causato una caduta a picco della durata di 120 secondi. La sterlina è crollata del 6,1%, passando da 1,26 sul dollaro fino a 1,18 dopo una breve escursione a 1,14.
Grazie anche alla scarsa liquidità in quel momento della giornata (poche ore dopo la chiusura di Wall-Street e giusto prima gli orari di apertura dell' ASX50 in Australia), gli operatori che acquistavano sterline sono stati tagliati fuori dal calo immediato causato dalla notizia che ha innescato l'esecuzione di Stop Loss a 1.236. Come una palla di neve in rotolamento, queste vendite automatiche hanno dato il là a coloro che volevano investire puntando sull'indebolimento della sterlina (chiamati "Shorters"). Quando il tasso di cambio è arrivato quindi a 1,14 gli stessi che avevano contribuito al deprezzamento hanno ricominciato ad acquistare, il tasso di cambio è rimbalzato, spingendo successivamente il sistema HFT (High Frequency Trading) all' acquisto con ulteriore guadagno, sempre da parte degli stessi operatori che avevano ripuntato adesso sul rafforzamento della valuta britannica ("Longers").

Denaro in Circolo

Pensieri sull'Economia, Trading in Borsa e Finanza Domestica

HFT è una forma di intervento sul mercato che utilizza sofisticati software (e talvolta, anche, hardware) guidati da algoritmi matematici, che agiscono sul mercato con lo scopo di realizzare micro-margini su oscillazioni nello spazio di millisecondi.

Essendo questi margini dell'ordine dei pochi centesimi, l'HFT deve agire su grandi quantità (migliaia, o decine di migliaia, di volte al giorno).

Il trading automatico, secondo stime recenti, gestisce sempre più volume (negli Stati Uniti, circa il 60% degli scambi azionari). Utilizzando algoritmi automatici per l'analisi e la previsione dei dati provenienti dai mercati e seguendo le istruzioni a vendere/acquistare, queste strategie di trading inondano il mercato con enormi quantità di ordini da "eseguire immediatamente" o "annullare". Questo "Stato di mercato" viene spesso creato solo per testare il mercato: a causa dei tempi di latenza molto brevi infatti questi ordini non vengono materializzati in vere e proprie transazioni.

In questo modo, il software raccoglie le informazioni con cui costruire le mappe di mercato, sulla base delle quali il sistema programma le sue transazioni da eseguire il tutto in frazioni di tempo brevissime. Ad esempio: può capitare che un investitore tradizionale, guardando l' Order Book (lista degli ordini di acquisto e di vendita a prezzi non di mercato) di un titolo azionario, pensa che la stessa azione sia facilmente negoziabile. Invece, nel momento in cui l'HFT decide cancellare i suoi ordini, come per magia, il Book rimane "vuoto" – il mercato diventa illiquido[9]. Con questo, tutti gli operatori rimarranno "bloccati" ; ci sono venditori che non sono in grado di vendere al prezzo desiderato e sono costretti a vendere a prezzi più bassi.

Nella situazione opposta potrebbero esserci acquirenti che vogliono entrare nel mercato e che a causa della mancanza di volumi al prezzo desiderato devono acquistare ad un prezzo superiore.

Alla base della strategia di investimento di un trading robot, nella maggior parte dei casi, c'è la seguente struttura logica: "Se succede qualcosa ....., allora acquista (o vendi)." L'operatore automatico analizza dapprima per esempio, l'andamento del prezzo del titolo

---

[9] Esempio di Order Book:

Compratori -Domanda - Ask			Venditori - Offerta - Bid		
Trader	Volume	Prezzo (€)	Prezzo (€)	Volume	Trader
Sam	150	16.70	16.72	200	Bob
Tom	100	16.69	16.73	300	Tim
Brad	500	16.68	16.74	200	Mark
			16.75	800	Ben
Tim	200	16.67			
			16.76	1000	Ed

Denaro in Circolo

Pensieri sull'Economia, Trading in Borsa e Finanza Domestica

in un dato periodo di tempo (cioè 10 anni). Poi, dopo aver individuato i valori significativi, li confronta con le altre variabili (che sono sempre riconducibili a numeri). Alla fine sulla base di una analisi statistica il sistema rilascia una previsione: "Se il titolo supera i 10 euro, compra". L'investimento allora parte. Questa descrizione, naturalmente, è una semplificazione per dire che il meccanismo considera le azioni (e di tutte le altre attività finanziarie) come semplici numeri. Questa dinamica "sporca" il valore informativo nella formazione del prezzo dell'azione. Nel momento in cui la quota percentuale degli scambi gestiti dagli algoritmi è alto, le strategie e i riferimenti quantitativi indicati da questi trading systems diventano loro stessi i riferimento del mercato, sulla base di concetti statistici e processi automatici e non sui valori reali di un titolo di un azienda per esempio. In questo modo, l'affermazione che "tutte le informazioni si riflettono nei prezzi", che è il fondamento della concorrenza perfetta, perde gran parte del suo significato, e il mercato diventa vincente e facile arena per coloro che possono contare su strumenti più efficaci e avanzate e costose tecnologie.

2. SEZIONE SECONDA: UN'INFRASTRUTTURA FINANZIARIA

2.1. LA BANCA

Ho sempre avuto un idea positiva della figura della banca, forse anche perché mio padre era un bancario e l'ambiente e il benessere della mia famiglia, è stata sempre sostenuta dal suo lavoro.

Oltre a questo, storicamente la banca ha avuto un ruolo di primo piano nella società. Basta pensare ai film western e immaginare la banca accanto al saloon e all'ufficio dello sceriffo sulla via principale di villaggi polverosi.

Inizialmente la banca serviva principalmente a garantire i depositi degli stipendi dei lavoratori, poi è diventata un ente autorizzato a prestare denaro e poi, a poco a poco, è entrata negli affari sempre più gestendo complesse mediazioni, come la fornitura di garanzie di prestazioni contrattuali o di strumenti e piattaforme avanzate per il commercio di prodotti finanziari.

La maggiore facilità e garanzia sullo scambio di denaro ha anche contribuito a rendere l'attività imprenditoriale più fruttifera poiché l'imprenditore ha potuto concentrarsi esclusivamente sull'attività oggettiva della sua impresa e non sulla reperibilità di capitali. In questo modo ha potuto meglio sviluppare nuove idee e prosperare.

Denaro in Circolo

Pensieri sull'Economia, Trading in Borsa e Finanza Domestica

Inoltre, la valutazione di un progetto per il quale si richiede il finanziamento ci aiuta a definire il suo business-case e la forza della nostra idea, e di diventare consapevoli delle sue potenzialità e delle aspettative.

Con le banche, abbiamo inventato le cassette di sicurezza, i vetri blindati, metal detectors, carte magnetiche, sviluppato transazioni sicure, e creato software con i livelli più avanzati di affidabilità. Le cravatte indossate su camicie bianche, le buone maniere e la professionalità e l'affidabilità delle persone dietro gli sportelli ha incarnato anche un simbolo di eleganza e fiducia nell'affidamento dei nostri soldi. Hanno anche giocato un ruolo verso una più equa distribuzione della ricchezza, estendendo la capacità di detenere attività come le automobili, telefoni cellulari e condizionatori d'aria: elementi che sarebbero stati altrimenti offerti solo a un numero limitato di persone.

Un sistema bancario sano apre la strada a investimenti sicuri, favorendo prestiti privati piuttosto che solo la spesa o il risparmio senza scopo. Le banche favoriscono attività efficienti e tagliano quelle che non sono redditizie, alimentando la competitività e l'innovazione, la propensione ad assumere rischi, e la loro gestione.

Esse hanno legalizzato un sistema di credito che altrimenti sarebbe stato preda di usura oltre che fornire occupazione diretta a milioni di persone e muovere la ruota del progresso di tutta l'umanità. Nonostante ciò, la mia esperienza mi ha spinto a non credere più nell'utilità dei loro servizi di consulenza per due principali motivi : l'incapacità di costruire e comprendere le esigenze specifiche e personali dei clienti, e il distacco da un intrinseco conflitto di interessi.

Tralasciando il secondo punto, il problema principale è che mentre prima tra il bancario e l'utente c'era una notevole differenza di cultura finanziaria, oggi l'utente è molto più informato, e, anche se c'è ancora molta strada da fare, il gap tra le due figure, e quindi il valore aggiunto del consulente, è minimo.

Con gli strumenti che abbiamo oggi e il così facile accesso ai mercati, non vedo perché non dovremmo essere in grado di gestire i nostri soldi da soli. Con un livello ragionevole di conoscenza dei mercati, i loro prodotti finanziari e la nostra personalità, potremmo definire al meglio quali sono i nostri obiettivi, e la nostra propensione al rischio.

Le banche dovranno ancora sostenere le nostre attività con le loro piattaforme internet, la loro tecnologia e le garanzie necessarie per

Denaro in Circolo

Pensieri sull'Economia, Trading in Borsa e Finanza Domestica

le nostre transazioni, oltre a fornire dati in tempo reale e l'accesso a informazioni statistiche e database.

E, naturalmente, dovranno ancora fornirci il denaro in modo che noi possiamo reinvestirlo proficuamente.

Due esempi:

Tom	Sam
Acquista 1 casa con 100'000€ in contanti senza prestito bancario	Acquista 5 case con 20'000€ di acconto in contanti per ognuna e 400'000€ da prestito bancario
Ricavo Affitto mensile: 1'000 € Costo Interessi : 0 € Utile Netto : 1'000	Totale Ricavo Affitto mensile: 5'000 € Totale Costo interessi: 2'000 € Totale Utile netto: 3'000 €
Totale Ricavo dopo 5 anni: 60'000 € Utile totale dopo 5 anni: 60'000 €	Totale Ricavo dopo 5 anni: 300'000 € Totale Ricavo netto dopo 5 anni: 180'000 €
Utile dalla successiva vendita della casa: 50'000 €	Totale Utile dalle successive vendite delle 5 case: 250'000 €
Totale Utile 1 casa: 60'000 € + 50'000 € = 110'000 €	Totale Utile 5 case: 180'000 € + 250'000 € = 430'000 €

2.2. IL CIRCOLO : RENDITA DA CAPITALE E DA LAVORO

Come vedremo più avanti, il reddito totale di un individuo può essere suddiviso in una quota di reddito da capitale e una quota di reddito dal lavoro. Le istituzioni finanziarie hanno il potere di bilanciare un sistema economico tra i diversi livelli di combinazioni tra intensità di lavoro e di capitale. In teoria per un alto valore di rendimento del capitale, il ricavo da pura attività lavorativa potrebbe non giustificare lo sforzo di svolgerla. In pratica, quello che succede è che per alti valori di rendimento del capitale può essere più conveniente non lavorare, e quindi per chi può permetterselo, far lavorare il capitale. A regime, continua sempre a valere quella che chiamo il Circolo: il reddito da lavoro diminuisce progressivamente e la produzione e la redditività degli investimenti vanno giù, rendendo il reddito da capitale meno attraente e tornando a favorire il reddito da lavoro. Con il reddito da lavoro di nuovo attraente, l'aumento della produzione stimola un nuovo investimento di capitali. Il capitale assolve pertanto due funzioni principali, una alternativa all'altra:

- la prima, per cui il capitale assume la funzione di riserva di valore (ad esempio lo stock di raccolto, depositi in contan-

ti, prodotti finanziari ecc...) - in fasi di reddito di capitale favorevoli
- la seconda, per cui esso funziona da catalizzatore di produzione (investimenti per le macchine, impianti, edifici ecc....) - in tempi di reddito di lavoro favorevoli.

2.3. PRIMA LEGGE FONDAMENTALE DEL CAPITALISMO[10]

Patrimonio o Capitale (Totale) : queste sono Attività/Beni finanziari (in denaro, o il valore di mercato degli investimenti finanziari) e Attività/Beni non finanziari (ovvero il valore di mercato degli immobili, terreni, e infrastrutture - ma anche le attività non tangibili come i brevetti) entrambi al netto delle passività (meno debiti e prestiti).

Reddito (Totale): Questo è il risultato delle entrare e delle uscite degli stipendi, profitti, interessi, dividendi e canoni di locazione, e quindi il risultato del reddito da lavoro + reddito da capitale.

Da queste definizioni introduciamo Beta e Alpha come segue :

Beta = Patrimonio / Reddito

---

[10] Il Capitale del XXI Secolo (2013), Thomas Piketty

Alpha (la Quota di Reddito Proveniente da Reddito Da Capitale) = Reddito da Capitale / Reddito

R (Tasso di Rendimento da Capitale) = Reddito da Capitale / Capitale

e quindi:

Alpha x Reddito = R x Capitale

Da cui deriva la Prima Legge Fondamentale del Capitalismo:

Alpha = Beta x R

o

Beta = Alpha / R

e

R = Alpha / Beta

Questo è il rapporto tra il Tasso di Rendimento da Capitale (R) e Beta (il rapporto tra i proventi patrimoniali e reddito)

Per la successiva trattazione però andiamo a considerare un ulteriore aspetto di questa relazione ed introduciamo ancora un nuovo concetto. Il rapporto tra le variazioni dei Rendimenti da Capitale (R) e di Beta è governato dalla funzione della produzione.

La funzione di produzione è una formula matematica che permette di riassumere lo stato delle tecnologie applicabili in un dato ambiente aziendale, che descrive il rapporto tra le quantità di vari fattori di produzione o input da utilizzare e il livello di produttività o output. Adottando le innovazioni tecnologiche rese possibili dal progresso tecnico-scientifico (supponendo che il progresso aumenta la produttività e l'efficienza degli impianti di produzione), la funzione di produzione visualizzata come Y' si sposta con traslazione verticale.

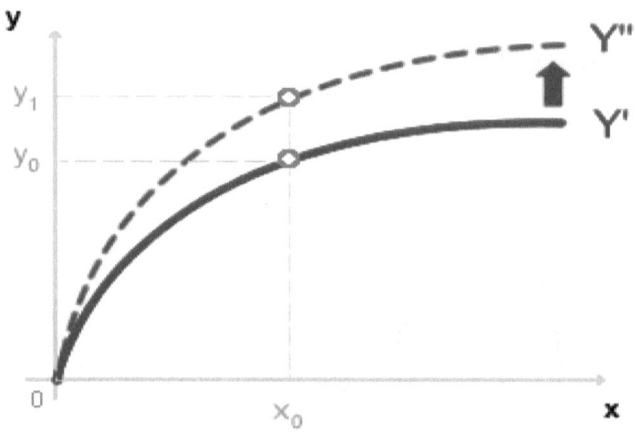

Le innovazioni tecnologiche consentono di aumentare il livello di produzione facendo lo stesso uso di altri fattori, o facendo minor consumo di altri fattori produttivi, per produrre una stessa quantità di prodotto (efficienza produttiva).

La funzione di produzione è il prodotto massimo ottenibile da diverse combinazioni di fattori produttivi, ovvero

Q = F (L; K)

dove L indica la quantità di lavoro impiegato nella produzione, K indica la quantità di capitale e Q la quantità di output[11].
Capitale e lavoro sono i due elementi di produzione (input) che, interagendo in un processo di produzione, generano il prodotto finale (output). Come la variazione di Capitale e Lavoro influenzano il risultato della funzione di produzione, si spiega con l' elasticità di sostituzione fra capitale e lavoro. In altre parole, questo principio fornisce un'indicazione in merito alla possibilità di sostituire il capitale con il lavoro o il lavoro con il capitale al fine di produrre i beni e i servizi richiesti. Non entreremo nel dettaglio dei due casi estremi di elasticità in produzione [12], perché ciò che è importante per questa discussione è il principio della produttività

---

[11] **Cobb-Douglas** formula

[12] Una funzione di produzione con elasticità zero è una funzione di produzione a coefficienti fissi. Aumentando uno tra lavoro e capitale, la produttività marginale è nulla.
Se, per esempio, la nostra produzione è l'operazione di assemblaggio di 1 volante e 4 pneumatici per una macchina, se avessimo la disponibilità di 2 volanti, non aumenteremo comunque il tasso di produzione della macchina. In questo caso, la proporzione tra i due elementi della funzione di produzione è fissa.
Una funzione di produzione con elasticità infinita è una funzione in cui la produttività marginale viene aumentata (o diminuita) proporzionalmente alla variazione di uno dei due elementi della funzione. Se, per esempio, prendiamo il caso di una funzione di produzione mirata all'integrazione dei sistemi di un aereo trattato nella sezione due – seconda rivoluzione economica, possiamo pensare, in teoria, di sostituire il capitale (outsourcing) e il lavoro (risorse di ingegneria interna) in piena indipendenza senza modificare il livello di produzione.

marginale che dà una misura degli aumenti di produttività per l'incremento marginale di un fattore[13].

13

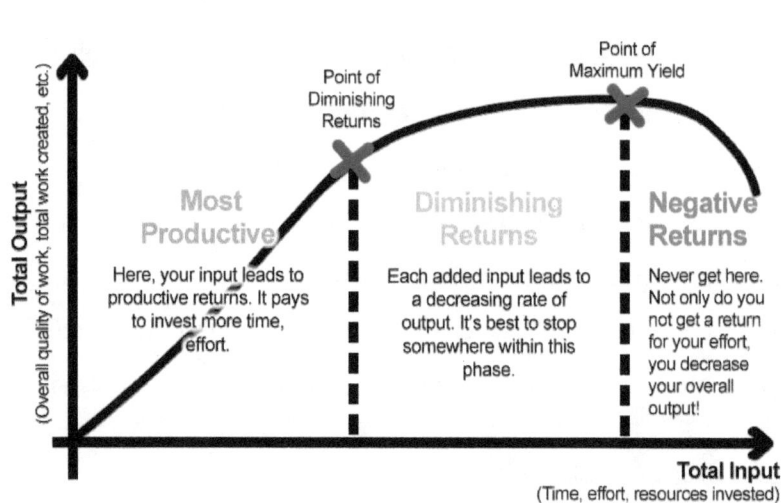

https://personalexcellence.co/blog/law-of-diminishing-returns/

La produttività marginale dipende anche dall' ambiente specifico e le sue condizioni al contorno. È positivo quando la distribuzione di uno dei fattori comporta un aumento della produzione e il contrario quando è negativo (il dispiegamento aggiuntivo di risorse genera una riduzione della produzione). Potremmo trovarci in una situazione in cui, in una linea di produzione in fabbrica, un lavoratore aggiuntivo non ha alcun effetto positivo sul prodotto (potrebbe anche essere negativo, se lo spazio di installazione fisico è limitato). Anche per quanto riguarda le preferenze dei consumatori, il seguente esempio illustrativo può spiegare il concetto: per un individuo assetato, il primo bicchiere di acqua è molto desiderabile e quindi offre una elevata prestazione. Il secondo bicchiere porterà soddisfazione. Dal terzo bicchiere in poi, ogni dose successiva sarà meno soddisfacente fino ad arrivare al punto di creare fastidio. Pertanto, dosi ripetute (unità) di un determinato elemento fanno scendere l' interesse dei consumatori. Ricordare l'esempio dei 4 televisori a tubo catodico in un appartamento di 3 stanze?

Sulla base dei più semplici modelli economici, in una situazione di concorrenza perfetta sul mercato dei capitale e sul mercato del lavoro, la quota di redditività da capitale (o delle attività) è uguale alla produttività marginale del capitale (e di conseguenza, al contributo aggiuntivo di un'unità di capitale allo specifico ambiente di produzione).

2.4. SECONDA LEGGE FONDAMENTALE DEL CAPITALISMO [14]

S (Tasso di risparmio) : definito come la percentuale che è possibile risparmiare dal reddito annuo.

G (Tasso di crescita) : definito come la crescita percentuale del nostro reddito annuo (per esempio, legato all'inflazione).

La seconda legge del capitalismo è definito come:

S / G = Beta

con

Beta = Alpha / R = Asset / Income

Possiamo anche dire che:

G (Growth Rate, Tasso di Crescita - del Reddito Da Lavoro) = S (Savings Rate Risparmio) x R (Tasso di Rendimento del Capitale) / Alpha (Quota di Reddito Proveniente da Reddito da Capitale),

o

G (Tasso di Crescita) = S (Tasso di Risparmio) x Reddito / Capitale

da cui, dal momento che R è il Tasso Di Rendimento Da Capitale (Produttività Marginale), allora

---

[14] Il Capitale del XXI Secolo (2013), Thomas Piketty

R = Alpha x Reddito / Capitale = Alpha / Beta

o

R = Alpha x G / S

o

Alfa = R x S / G

Il rapporto tra il Tasso Di Risparmio (S) e il Tasso Di Crescita (G) indica la capacità a lungo termine di accumulare capitale, o il numero di anni di reddito che possono essere accumulati sotto forma di capitale fisso.

La formula di cui sopra può essere letta in diversi modi.

Ecco alcuni esempi:

La Quota di Reddito da Capitale (Alpha) aumenta se R (Tasso di Rendimento Del Capitale) cresce e si riduce, se G (il Tasso di Crescita - dei Redditi da Lavoro) aumenta. Lo stesso vale se aumenta S.

A meno che R diminuisca, Alpha aumenta se: S> G.

Il Tasso di Rendimento del Capitale (R) diminuisce quando la Quota di Reddito da Capitale (ALPHA) diminuisce più di quanto il rapporto tra il Tasso di Risparmio (S) / il Tasso di Crescita (G) aumenta

Denaro in Circolo

Pensieri sull'Economia, Trading in Borsa e Finanza Domestica

Il tasso di rendimento del capitale (R) diminuisce quando la porzione di reddito da Capitale (ALPHA) diminuisce più di quanto aumenta il rapporto tra gli aumenti di capitale / reddito.

Se R è fisso, quindi la Quota dei Redditi da Capitale sul Reddito aumenta se S aumenta o G diminuisce, che ci fanno pensare all'abbattimento di stipendio in un'economia robotizzata (dove la produzione è perseguita solo con il capitale e nessun lavoro umano).

Se alla fine del XXI secolo per il mondo abbiamo G = 1% e S = 10%, poi per R = 5%, Alpha sarebbe il 50%; che ci dice che la metà del reddito proviene da redditi da capitale.

Al fine di stabilire il nostro obiettivo sulla redditività del capitale (che ci servirà per valutare il rischio di un investimento), è importante capire il tasso di crescita della nostra produttività marginale del capitale e l'aumento stesso del capitale. Nella terza sezione del libro ci occuperemo della comprensione dell' incremento di redditività all'aumentare dell'esposizione di capitale del nostro investimento.

Se, ad esempio, abbiamo la disponibilità di un capitale aggiuntivo di 100 euro (in contanti o attrezzature o terreno) che ci permette di aumentare il livello di produzione di denaro, o di prodotto o di cibo, di 5 euro l'anno, abbiamo la produttività marginale di 5 euro su 100, e cioè il 5%.

E' anche evidente che i cambiamenti di produttività marginale dipendono dallo stock di capitale iniziale.

Infatti, maggiore è lo stock di capitale iniziale, minore è l'utilità marginale che deriva da un incremento di investimento di capitale, che ci porta al paradosso che troppo capitale uccide il capitale.

Ad esempio, se ogni proprietario ha già migliaia di ettari di lavorare, è probabile che la resa supplementare derivante da un ettaro aggiuntivo è trascurabile.

Oppure, se un paese ha già costruito uno straordinario numero di abitazioni per le quali ogni abitante può vivere in centinaia di metri quadrati, un incremento del benessere procurato dalla proprietà in più, o di un metro quadrato in più di un condominio ad esempio di 400 metri quadrati, è minimo. Lo stesso vale per i macchinari di produzione e capitale.

2.5. UN BUSINESS PLAN FAMILIARE

In questo paragrafo, vi proporrò un metodo per analizzare la propria struttura finanziaria, lavorando con numeri e ordini di grandezza che riflettono lo stato medio della ricchezza nei paesi più avanzati dell'Europa occidentale. In questo modo, troveremo i

Denaro in Circolo

Pensieri sull'Economia, Trading in Borsa e Finanza Domestica

numeri e riferimenti monetari che possono essere facilmente adattati alla nostra situazione.

In paesi come l'Italia, il valore medio è pari a 6 (Beta = 600%). Possiamo, quindi, pensare che, per un reddito familiare di 30.000 euro l'anno, possediamo un patrimonio totale di 180'000 euro (esclusi i debiti) che sono statisticamente suddivisi in 90'000 Euro in attività non finanziarie (immobili) e 90'000 euro in attività finanziarie (conti bancari, azioni e simili).

Essendo il reddito complessivo composto dal reddito da lavoro e proventi finanziari possiamo dire che per un provento finanziario del 5% l'anno (il rendimento medio di un'attività), la quota di proventi finanziari rispetto al reddito complessivo è del 30% (9'000 euro).

La quota dei proventi finanziari su reddito complessivo (Alpha) è data da Beta x R (resa del capitale) = 6 x 5% è del 30%.

Questo ci dà un'indicazione su come impostare i nostri obiettivi finanziari (in questo esempio di allinearci alla media), e il metodo giusto per la gestione del nostro patrimonio.

Per i 90'000 euro di patrimonio immobiliare (sia che lo usiamo come la nostra abitazione principale, o che la diamo in affitto) il valore del 5% su un anno è di 4'500 euro (ovvero 375 euro al mese).

Per i 90'000 euro in patrimonio finanziario il 5% verrà da entrate grazie a un ragionevole investimento in azioni a con un rapporto prezzo / dividendo di 18 [15].

Di conseguenza se, come abbiamo detto, Alpha è 30%, allora il reddito da lavoro copre il 70%.

Gli stessi principi si applicano ad un sistema economico nazionale o un impresa generica, ed è proprio da quest'ultima che prendiamo in prestito gli strumenti e principi contabili classici (stato patrimoniale e rendiconto finanziario) per eseguire il nostro esercizio.

Decidiamo di creare un caso di infrastruttura finanziaria di una famiglia italiana borghese 2016, con uno stato finanziario che considero solido:

1. 40 anni l'età dei genitori, sposati nel 2003, entrambi con laurea
2. 2 figli
3. Nessun asset ereditato
4. Un patrimonio iniziale di 10'000 euro nel 2003
5. Lavorano entrambi dal 2003
6. Uno stipendio cumulativo di 90'000 euro lordi annui

---

[15] Questo equivale a 18 anni per recuperare l'investimento iniziale e quindi 4500 Euro l'anno.

Denaro in Circolo

Pensieri sull'Economia, Trading in Borsa e Finanza Domestica

7. Un risparmio annuo dal 2003 di 2000 euro al mese per i primi 6 anni di matrimonio, 1500 euro per il secondo 6 anni e 1000 euro dopo 12 anni
8. Risparmi investiti in strumenti finanziari e immobiliari
9. 1 appartamento acquistato nel 2009, dopo 6 anni e tenuto come abitazione principale
10. Il secondo appartamento acquistato per investimento dopo 12 anni, con affitto al 5% annuo del valore della proprietà
11. Entrambi gli appartamenti acquistati con mutui a 25 anni per il 70% del loro valore (per un totale di 180'000)
12. Circa il 20% delle perdite finanziarie dalla crisi finanziaria del 2008-2016
13. Circa il 20% di perdita del valore immobiliare dalla crisi finanziaria del 2008-2016
14. 2 auto in leasing
15. 1 prestito per credito al consumo
16. Uno standard medio di vita, senza eccessi, e un approccio razionale (2 sabati al mese cena fuori nei ristoranti, due domeniche al mese per una giornata, e 2 lunghe vacanze all'anno: Natale e estate)

STATO PATRIMONIALE Attivi		2016	NOTES
Attività Correnti			
	Riserve Liquide	25'000	Risparmi
	Fondi di Investimento	30'000	Valore di mercato alla vendita
	Titoli Azionari	25'000	Valore di mercato alla vendita
	Totale Attività correnti	**80'000**	
Immobilizzazioni			
	Proprietà Immobiliari	260'000	Valore di mercato alla vendita
	Beni durevoli	20'000	Altri Beni (auto, mobilio, elettrodomestici)
	Totale Immobilizzazioni	**280'000**	
Totale Attività		**360'000**	
Passività			
Passività correnti e a lungo termine			
	Credito a consumo : Prestito a breve termine	5'000	
	Leasing Auto - Prestito a breve termine	30'000	2 anni
	2 Mutui Immobiliari	250'000	5 anni
	Total Liabilities	**285'000**	25 anni
Patrimonio Netto		**75'000**	Attività - Passività
Investimenti			
	Fondi	55'000	
	Azioni	40'000	
	Liquidi	10'000	
	Appartamento 1	80'000	Spesa di acquisto al netto del Mutuo
	Appartamento 2	75'000	Spesa di acquisto al netto del Mutuo
	Total Investments	**260'000**	
Guadagno o Perdita su Investimenti		**-185'000**	Attività - Investimenti

Denaro in Circolo

Pensieri sull'Economia, Trading in Borsa e Finanza Domestica

Conto Economico

Reddito		2016	% Reddito	NOTE
	Rendite Finanziarie Consolidate	2'500	2.5%	Reddito da Capitale
	Affitti	7'200	7.5%	Reddito da Capitale
	Salario 1	50'000	51%	Reddito da Lavoro
	Salario 2	38'000	39%	Reddito da Lavoro
	Total Income	**97'700**		
Spese				
	Tasse Stipendio	38'720	40%	44%
	Spese per Cibo	7'200	7%	600 al mese
	Studi	1'000	1%	Scuola e libri
	Leasing Auto 1	3'600	4%	300 al mese
	Leasing Auto 2	2'400	2%	200 al mese
	Benzina	1'200	1%	100 al mese - 1000 km al mese
	Assicurazioni	1'800	2%	150 al mese
	Mutui Appartamento Principale	5'280	5%	440 al mese
	Muti Appartamento dato in affitto	4'536	5%	378 al mese
	Tasse su proprietà	1'512	2%	21% IMU-TASI-TARI
	Spese di Manutenzione Immobili	6'000	6%	900 a anno per due appartamenti
	Consumi domestici (elettricità riscaldamento)	1'800	2%	
	Piaceri (ristoranti, regali, cura della persona)	600	1%	50 al mese
	Vacanze (Natale e Estate)	3'000	3%	250 al mese
	Generali (vestiti, elettrodomestici, mobilio)	3'000	3%	Biglietti Aerei e Auto
		2'400	2%	200 al mese
	Total operating expenses	**84'048**	**86%**	
Entrate Annuali (Risparmio)		**13'652**	**14%**	
Entrate Mensile (Risparmio)		**1'138**		

BUSINESS PLAN A 25 ANNI

Età Figli	Età Genitori	Anno	Debiti	Attivi	Patrimonio Netto	Investimenti + Risparmi cumulati	Guadagno Perdita - Investimenti	Note	Quota Risparmio (1% anno)
-	40	2016	2850000	360000	75000	260000	-185000		13652
1	41	2017	2665500	373652	107152	273652	-166500		27441
2	42	2018	2480000	387304	139304	287441	-148137		41229
3	43	2019	2320000	400956	168956	301229	-132273		55018
4	44	2020	2160000	414608	198608	315018	-116410		68806
5	45	2021	2000000	428260	228260	328806	-100546		82595
6	46	2022	1900000	441912	251912	342595	-90683		96383
7	47	2023	1800000	455564	275564	356383	-80819		110172
8	48	2024	1700000	469216	299216	370172	-70956		123960
9	49	2025	1600000	482868	322868	383960	-61092		137749
10	50	2026	1500000	496520	346520	397749	-51229	Increm. Spese Figli	145537
11	51	2027	1440000	510172	370172	405537	-35365	Increm. Spese Figli	153326
12	52	2028	1300000	523824	393824	413326	-19502	Increm. Spese Figli	161114
13	53	2029	1200000	537476	417476	421114	-3638	Increm. Spese Figli	168903
14	54	2030	1110000	551128	441128	428903	12225	Increm. Spese Figli	176691
15	55	2031	1000000	564780	464780	436691	28089	Increm. Spese Figli	184480
16	56	2032	90000	578432	488432	444480	43952	Increm. Spese Figli	192268
17	57	2033	80000	592084	512084	452268	59816	Increm. Spese Figli	200057
18	58	2034	70000	605736	535736	460057	75679	Increm. Spese Figli	201845
19	59	2035	60000	619388	559388	461845	97543	Università Figli	203634
20	60	2036	50000	633040	583040	463634	119406	Università Figli	205422
21	61	2037	40000	646692	606692	465422	141270	Università Figli	207211
22	62	2038	30000	660344	630344	467211	163133	Università Figli	208999
23	63	2039	20000	673996	653996	468999	184997	Università Figli	210788
24	64	2040	10000	687648	677648	470788	206860	Università Figli	212576
25	65	2041	-	701300	701300	472576	228724	Università Figli	214365

Denaro in Circolo

Pensieri sull'Economia, Trading in Borsa e Finanza Domestica

visualizzato anche nelle seguenti linee di tendenza:

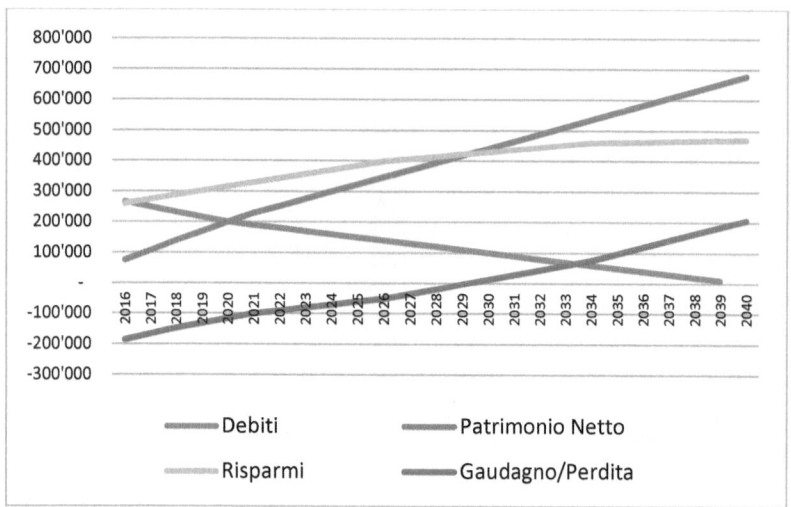

Con un report di questo tipo, oltre ad avere un miglior controllo sulla nostra struttura finanziaria, possiamo pianificare progetti a lungo termine con una più profonda e migliore consapevolezza dei nostri obiettivi finanziari, preparare i nostri investimenti in anticipo, fare un piano di risparmio per l'università dei nostri figli, un progetto su dove vivere una volta andati in pensione, e battere i nostri obiettivi finanziari.

Proviamo a costruire uno strumento di misurazione delle prestazioni del modello con le definizioni date ai capitoli della Prima e della Seconda Legge del Capitalismo:

2016 indici di performance			
DATI IN INGRESSI		**DATI IN USCITA**	
Crescita	3,93%	Attività finanziaria / valore immobiliare	28.57%
Patrimonio	360'000	Disponibilità contante / investimenti finanziari	31,25%
Reddito	97'700	Alfa (quota di utile da attività)	-0,42%
Risparmio annuo	13'652	Beta	3.68
Attivi finanziari	80'000	R (Tasso di Rendimento da Capitale - produttività marginale)	-0.11%
Proprietà Immobiliare	280'000	Tasso di risparmio	13.97%
Asset income (net)	-248	Beta (limite)	3.56
Reddito totale (netto)	58'980		

2016 FAMIGLIA INDICI ATTIVITÀ DI PERFORMANCE			
ATTIVITA' FINANZIARIE			
Proventi finanziari	2'500		
Investimenti Finanziari	95'000	ROI - Proventi finanziari / Investimenti Finanziari	2,63%
PATRIMONIO IMMOBILIARE MESSO A RENDITA (IN AFFITTO)			
reddito immobiliare (netto)	-2'748		
Totale investimento immobiliare (capitale proprio più mutui)	165'000	ROI - Reddito di immobili / Real Estate Investment (capitale proprio più mutui)	-1,67%
Investimenti immobiliari (solo capitale proprio)	75'000	ROI - Reddito di immobili / Real Estate Investment (solo capitale proprio)	-3,66%

Utilizzando questi numeri, possiamo fare due considerazioni. Per le attività finanziarie, una performance annuale fisso del 2,6% di guadagno di un anno (chiamata anche Produttività Marginale, Quota di Redditività Capitale o rendimento delle attività finanzia-

Denaro in Circolo

Pensieri sull'Economia, Trading in Borsa e Finanza Domestica

rie) non è proprio strabiliante ma la riteniamo buona, almeno finché l'inflazione resta al di sotto del 2%. Per le attività immobiliari, dobbiamo andare un po' più a fondo. Anche se la redditività annuale al netto delle spese e tasse è negativa, dobbiamo considerare la rivalutazione dell'immobile da un lato e dall'altra l'estinzione del mutuo. Con una rivalutazione che può essere ragionevolmente assimilata all' indice di inflazione proviamo a formulare alcune ipotesi (non utilizzando alcuna rivalutazione sui canoni di locazione e nessun aumento delle tasse e le spese, ma il valore della proprietà solo) ed ottenere:

	APPARTAMENTO DATO IN AFFITTO	
A	Costi di mutuo, di mantenimento e tasse meno i ricavi dall'affitto per anno	-2'748
B	Costo totale incluso investimento iniziale di 75'000 Euro fino all'estinzione del mutuo (dall'anno 2016 all'anno 2040)	-140'952
C	Valore di Vendita 2016	130'000
D	Valore di Vendita 2040 (ipotizzato con 2% di inflazione-rivalutazione)	209'097
E	**Guadagno (D-B)**	68'145

Il che significa che in 24 anni, l'appartamento dà retroattivamente un guadagno medio annuo di circa 3'000€, da cui, con oltre 75'000€ degli investimenti di capitale proprio iniziale, dà un ROI del 4%. Non male, se potessimo davvero contare su un inflazione immobiliare del 2%.

3. SEZIONE TRE: INVESTIRE CON PERSONALITA'

3.1. AVIDITÀ & LIBERTÀ
3.1.1. L'inizio del sogno

Se è vero che il mercato è (come effettivamente penso) a tutti gli effetti un sistema naturale, quando decidiamo di confrontarci con esso, abbiamo bisogno di scoprire il nostro modo naturale di farlo.
È incredibile il senso di libertà che ho a casa, quando di sera studio le opportunità di guadagno nella sessione di mercato del giorno successivo e carico il mio sistema di trading con decine di ordini di acquisto e vendita.
Siamo io e lo schermo, una serie di numeri, linee di tendenza dei prezzi e notizie, e la speranza che le mie teorie, interpretazioni, metodi e esperienza mi portino ad impostare la giusta strategia.
Non sono sicuro se sia anche una forma di dipendenza; ma in ogni caso ciò che è assolutamente eccitante è la libertà e la consapevolezza che c'è una possibilità per me di avere accesso alla ricchezza del pianeta e anche una possibilità remota (tuttavia tecnicamente possibile) di partecipare ad un circolo da trilioni di

Denaro in Circolo

Pensieri sull'Economia, Trading in Borsa e Finanza Domestica

$ [16]. Inoltre, che è anche molto bello, dato che non faccio trading in tempo reale, è il mio capitale a lavorare. Il trading "off-line" ci permette di non essere influenzati da aspetti emotivi e di non lasciarci distrarre durante il giorno, evitando di dover seguire in ogni momento l'andamento dei mercati.

C'è un detto che ammonisce "Vendi, guadagna e pentiti" che descrive bene la frustrazione di quei traders che operano in tempo reale e vendono troppo presto, perdendo l'opportunità di cavalcare la tendenza di prezzo crescente. Il trading "off-line", non cancella quella sensazione, ma ne allevia la pena, quanto meno perché i risultati della giornata si vedono di sera e a mercati chiusi.

Tutto è iniziato nel dicembre del 2002 con i miei primi piccoli investimenti in fondi comuni. Erano i primi anni post 9/11, quando le borse stavano riprendendosi dalle perdite di quegli eventi tragici e dalla scoppio della bolla delle dotcoms pochi anni prima. Poco prima del 2000, quando Internet è diventato un fenomeno di massa, anche i mercati azionari cambiarono completamente, e "trading

---

[16]Tutti i mercati azionari sommati valgono 70 trilioni di $. Il valore del mercato dei derivati è stimato in 630 trilioni di $. Il totale della moneta fisica nel mondo – comprese le monete e banconote denominate in dollari, euro, yen e altre valute - è di circa 5 trilioni di $. Tutto il mercato monetario, i risparmi e i depositi ammontano a 80,9 trilioni di $. La ricchezza globale (come definito nella sezione due) nel 2016 è pari a 256 trilioni di dollari. Sarà 334 trilioni di dollari entro il 2021. Il debito globale è di 199 trilioni di $.

on line" era la nuova parola di tendenza [17] (come App lo era qualche anno fa').

In ogni caso, grazie a internet e dotcom, abbiamo avuto facile accesso a tutti i mercati. La globalizzazione, con l'esplosione della Cina (con il tasso di crescita del 10% l'anno), mi ha spinto a comprare 5.000 euro di fondi di titoli cinesi. Tuttavia, l'investimento in fondi mi ha dato la sensazione di non riuscire a controllare il mio destino e subito dopo, ho puntato sul mercato azionario e ETF. Alcuni giustamente credono che le azioni non siano adatte ad operatori non professionali e che il mercato azionario è solo per addetti ai lavori. Non importa quanto si analizzano con successo le aziende perché dirigenti, direttori e manager, i loro amici e parenti, sapranno sempre più di noi.

---

[17] C'era una rivista denominata "trading on-line", che è uscita con pochissimi numeri, ma con alcuni articoli molto interessanti.
Parlava di reti neurali e complessi algoritmi per la negoziazione dei titoli, e anche se non ho avevo abbastanza conoscenze a quel tempo per comprendere quelle linee di codice Software - soprattutto perché erano copiati e incollati sulle pagine di una rivista – ne ero irresistibilmente attratto.
C'era anche un altro articolo che legava nel trading di oroscopi e costellazioni, che naturalmente non ho letto - forse proprio perché ho sempre trovato difficoltà a capire cose di cui io sono scettico in prima istanza. Non è che sia pigro, perché lavoro sempre (o almeno, la mia mente è sempre in moto), ma ho una tendenza naturale che mi porta a prendere scorciatoie per ottenere i migliori risultati con il minimo sforzo. E' una questione di personalità e di risparmio energetico.

Denaro in Circolo

Pensieri sull'Economia, Trading in Borsa e Finanza Domestica

Insieme con le banche di investimento e quelli che hanno contatti diretti con le società, c'è un grande gruppo di persone che hanno un chiaro vantaggio su tutti noi.

Se limitiamo la nostra valutazione di questa considerazione, i mercati dei cambi valutari, materie prime, obbligazioni e persino CFD (Contract for Difference) sono strumenti che mettono tutti gli attori sullo piano.

Tuttavia, quando compriamo azioni, compriamo un pezzo di un'organizzazione produttiva con risorse umane, attività, edifici, mentre gli altri prodotti finanziari restano solo il risultato di operazioni di ingegneria finanziaria, con i loro valori convenzionali e registrati su carta.

Pertanto, mentre con le azioni, si può identificare una tendenza a lungo termine con risultati basati su elementi di fatto e di economia reale, lo stesso non vale per altri prodotti finanziari.

Basti pensare che in una transazione con le azioni, il venditore e l'acquirente possono entrambi guadagnarci in contrapposizione ai derivati in cui per ogni vincitore, c'è un perdente.

3.1.2. Finanza per Gravità

Nella fase ascendente di un titolo azionario, perché il prezzo di un titolo continui a salire è necessario che qualcuno metta a disposizione del mercato altro denaro.

In fase discendente, le dinamiche sono invertite: senza denaro, il prezzo non è supportato e scende (come se fosse attratto dalla forza di gravità).

Supponiamo che un trader, che chiameremo trader V (venditore) abbia inizialmente acquistato 100 azioni a $10 per azione, per un totale di $1'000.

Ora, per permettere all'azione di raggiungere un prezzo più alto, ci sarà bisogno di un altro trader C (compratore) che abbia l'intenzione di comprarla a un prezzo più elevato.

Se il prezzo sale a $1'100 per effetto di tale operazione, poi il trader C paga $100 più di ciò che V pagato.

Le due variabili indipendenti della funzione prezzo sono pertanto denaro e richiesta.

Infatti il prezzo sale se v'è una disponibilità di denaro. Se non ci sono soldi, il prezzo non aumenterà; tuttavia la disponibilità di denaro non è una garanzia che i prezzi salgano: se c'è disponibilità di denaro, ma non c'è richiesta per quel titolo azionario (quando

Denaro in Circolo

Pensieri sull'Economia, Trading in Borsa e Finanza Domestica

tutti coloro che erano interessati all'acquisto hanno concluso le loro transazioni), il prezzo non può salire.

Per usare una terminologia dei teoremi di analisi matematica, la disponibilità di denaro è condizione necessaria ma non sufficiente affinché il prezzo salga. Come per il denaro, stesso dicasi per la richiesta.

Al contrario, per fare in modo che i prezzi scendano, non c'è bisogno di verificare nessuna delle due condizioni (disponibilità di soldi e richiesta). Qualunque cosa il trader C acquisti per $1100 (se ha i soldi), se ne può sbarazzare a $900 con molta più facilità.

Pertanto mentre i prezzi richiedono soldi e richiesta per spostarsi verso l'alto, non lo richiedono per andare giù; il che significa in genere che per il prezzo, è più facile scendere piuttosto che salire o, in altre parole, i prezzi possono scendere più rapidamente di quanto possano andar su[18].

La gravità del prezzo potrebbe essere parte della spiegazione del motivo per cui nei mercati v'è un'instabilità asimmetrica provata.

---

[18] Pensiamo anche ad esempio a due spostamenti percentuali della stessa entità in direzioni opposte, in valore assoluta comportano una riduzione.
1'000 + 5% - 5% = 997,5 o 1'000 - 5% + 5% = 997,5.

I mercati sembrano essere meno instabili quando sono in crescita, e più instabili quando sono in declino.

3.1.3. I Volumi

Le dinamiche di prezzo e di volume seguono fasi di accumulo (precedenti fasi di crescita del prezzo) e distribuzione (precedenti fasi di declino del prezzo). Da qui, il ciclo ricomincia.
E' importante sapere che l'offerta e la domanda sono "fatte" da mani forti; cioè da soggetti istituzionali che sono in grado di negoziare una parte significativa delle azioni disponibili sul mercato. Essi gestiscono volumi di domanda e offerta definendo la tendenza delle azioni, mentre gli investitori di massa (piccole e singoli investitori e traders), a meno che essi inneschino attività di massa durante circostanze relative ad eventi straordinari, possono avere limitata influenza alla ciclicità del prezzo.
I volumi rappresentano il numero di azioni scambiate grazie a transazioni chiuse a fronte dell'incontro dei prezzi di domanda e offerta in una data unità di tempo.
L'evoluzione del prezzo si comporta come segue:
- quando la richiesta (Ask) per un bene supera l'offerta (Bid), i prezzi salgono

Denaro in Circolo

Pensieri sull'Economia, Trading in Borsa e Finanza Domestica

- quando l'offerta (Bid) supera la domanda (Ask), i prezzi scendono

L'analisi del volume è usata per riconoscere la stabilità e l'affidabilità di un movimento, la sua forza, e quindi la probabile evoluzione dei prezzi.

Questa analisi non è certo una cosa facile, e richiede a volte un po' di creatività e istinto maturato con l'esperienza e lunga osservazione del rapporto prezzo/volume.

Dicendo che i volumi sono stati elevati non significa che qualcuno ha venduto (o acquistato) un sacco; ma solo che molti "pezzi" sono stati venduti (come molti nella stessa misura, sono stati comprati).

Le 3 regole generali per interpretare i segnali dai rapporti prezzo / volume sono descritte di seguito:

Regola 1: I volumi confermano Tendenze

Tendenza	Volumi	Segnale
Positiva	Crescenti	Acquistare
Positiva	Decrescenti	-
Negativa	Crescenti	Vendere
Negativa	Decrescenti	-

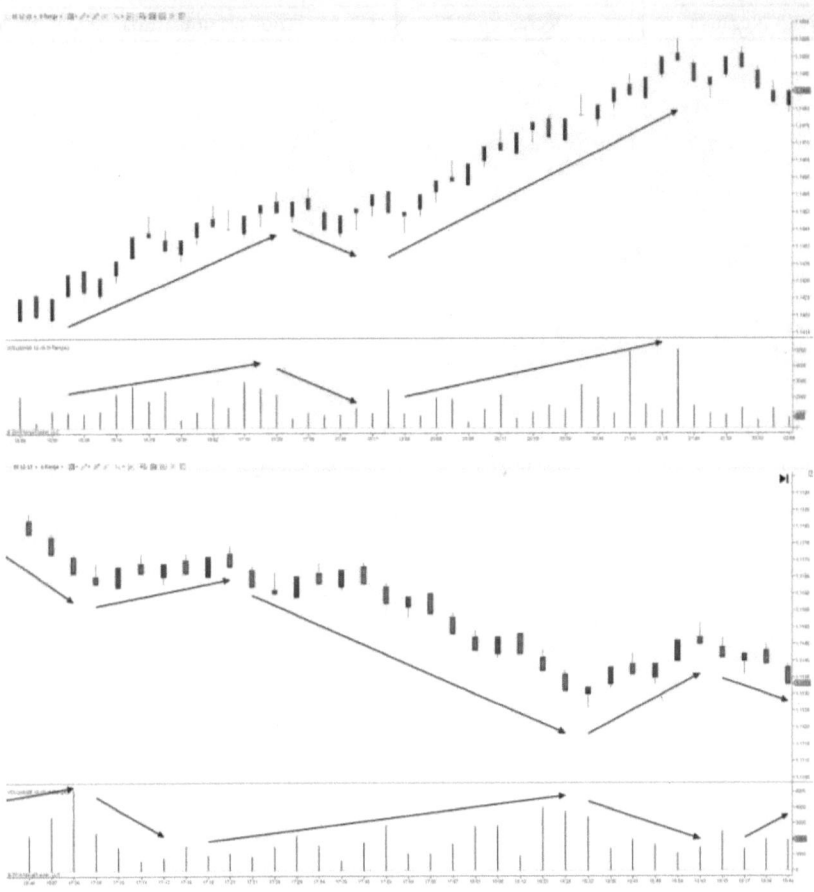

Denaro in Circolo

Pensieri sull'Economia, Trading in Borsa e Finanza Domestica

Regola 2. Affidabilità della Tendenza

Tendenza	Volumi	Segnale
Positiva	Crescenti	Tendenza affidabile
Positiva	Decrescenti	Tendenza non affidabile
Negativa	Crescenti	Tendenza affidabile
Negativa	Decrescenti	Tendenza non affidabile

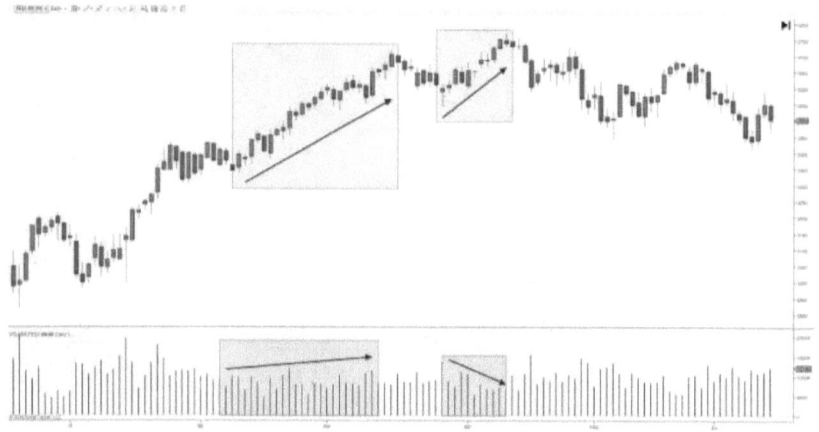

Regola 3. Inversioni di Tendenza

a. Volumi decrescenti in prossimità di un Massimo.

   In pratica, quando dopo una lunga e/o forte tendenza positiva il volume diminuisce a causa di una mancanza di domanda, ci si può aspettare un'inversione di tendenza al ribasso.

b. Volumi crescenti i in prossimità di un Minimo.

   Al contrario dopo una lunga e/o forte tendenza negativa se il volume aumenta, ci si può aspettare un'inversione di tendenza al rialzo.

c. Volumi di picco in prossimità di un Massimo.

   Se, alla fine di un trend positivo, i prezzi rimangono sostanzialmente stabili, ma i volumi crescono in modo significativo, ci si può aspettare che ci sia una forte distribuzione.

d. Volumi di picco in prossimità di un Minimo.

   Al termine di andamento negativo, i prezzi rimangono sostanzialmente stabili, ma i volumi crescono in modo significativo ci si può aspettare un imminente cambiamento di tendenza.

In conclusione:

Caso	Tendenza	Volumi	Segnale
a	Positivo su Massimi	Decrescenti	Vendere
b	Negativo su Minimo	Crescenti	Acquistare
c	Fine Trend Positivo - Prezzi stabili	Alti	Vendere
d	Fine Trend Negativo - Prezzi stabili	Alti	Acquistare

3.2. STRATEGIA

3.2.1. Osservazione

I criteri di ricerca e selezione delle azioni sulla base dei fondamentali finanziari (analisi fondamentale) della società è un concetto valido, ma bisogna procedere con alcune precauzioni: i dati finanziari possono essere fuorvianti e non molto chiari per i trader di casa, e sia che siano positive o negative, riflettono comunque una situazione nel passato (le informazioni sono di solito rilasciate su base trimestrale). Come conseguenza di ciò la reazione del mercato a questi dati è molto difficile da prevedere.

L'analisi tecnica, a dispetto dell'analisi fondamentale, ci dà inputs per la gestione delle informazioni (prezzi e volumi) provenienti real-time direttamente dal mercato e opera con uno spettro variabile di intervalli che vanno da mesi a minuto per minuto (oppure tick per tick). Secondo questa tecnica, alla fine la notizia in sé per sé non ha alcuna importanza: ciò che conta (e che imposta il prezzo) è la reazione alla notizia.

Le notizie possono influenzare i valori delle aziende, ma il prezzo non riflette quasi mai il valore; il prezzo è solo la misura di tale valore o l'interpretazione del valore in quel momento. Il prezzo è quello che abbiamo pagato e il valore è ciò che otteniamo[19].

Ad ogni modo, l'approccio meno rischioso suggerisce di selezionare azioni di aziende con buoni fondamentali.

Non v'è alcun motivo di pensare che una società con cattive fondamentali crescerà in futuro; ma la probabilità di una società con buoni fondamentali lo faccia è sicuramente più alta.

Pertanto, il criterio per selezionare le migliori azioni per il nostro investimento sarà basato sul fatto di acquistare azioni caratterizzate da :

- Un alto Rendimento e cioè un alto rapporto EBIT / valore effettivo dell'azienda (dove valore effettivo dell'azienda è il valore di mercato della società + indebitamento finanziario netto) , e
- un alto Ritorno del capitale investito cioè un alto rapporto EBIT / (immobilizzazioni nette + capitale circolante)[20].

---

[19] Pensiamo alla differenza di prezzo di un bicchiere d'acqua nel deserto o al Polo Nord

[20] Il piccolo libro che batte il mercato azionario- 7 settembre 2010 di Joel Greenblatt

3.2.2. Entrare nel Mercato

Dal mio punto di vista, così come di molti altri, l'andamento dei prezzi di un azione costituisce l'insieme storico di dati che consolidano le basi per le nuove tendenze.

Se guardiamo la media delle oscillazioni del mercato, possiamo dire che l'oscillazione massima giornaliera del FTSE MIB è di circa l'1%; il che significa che, in teoria, si potrebbe potenzialmente sempre comprare al minimo e vendere al massimo avendo l' 1% di profitto al giorno.

Se anche impostassimo il nostro obiettivo di ottenere 0,5% al giorno, questo è già un guadagno potenziale del 110% all'anno. Non abbiamo bisogno di fare lo 0,5% con una sola azione, ma anche con 5 azioni di 0,1%, per esempio. Certo, dobbiamo prendere in considerazione le commissioni di negoziazione; ma il modello offre comunque un grande potenziale se pensiamo che un buon prodotto di investimento rende mediamente il 5% anno.

Una volta che ho selezionato azioni con fondamentali come prima descritto, osservato il campo di operatività (identificazione supporti e resistenze), studiato le tendenze dei volumi, il mio metodo suggerisce di entrare in acquisto con forti perdite relative (-1,-2,o -3%) nei giorni in cui gli indici generali sono negativi e vendere con profitto sui rimbalzi al momento in cui raggiungo i miei obiettivi di guadagno.

Fino a quando non raggiungo i margini minimi che mi soddisfano (vedi capitolo 3.3.1 sotto), se la tendenza negativa continua, compro, mediando con le seguenti sequenze:

- Primo ingresso: acquisto le stesse quantità di volume in mio possesso quando sono al livello di perdita del 2% in modo che la perdita si riduce a circa l' 1%.
- Secondo ingresso: acquisto 2 volte il volume iniziale al 3% di perdita in modo che la perdita si riduce a circa l'1,5%
- Terzo ingresso: acquisto 4 volte il volume iniziale al 4% di perdita, in modo che la perdita si riduce a circa 2%

Alla fine di tale sequenza, ci si può ancora sperare che un buona sessione nei due giorni seguenti ci metta in una situazione in cui possiamo recuperare eventuali perdite ed eventualmente vendere con guadagno.

Un metodo per identificare i migliori punti di ingresso viene dalla teoria delle onde di Elliott.

Denaro in Circolo

Pensieri sull'Economia, Trading in Borsa e Finanza Domestica

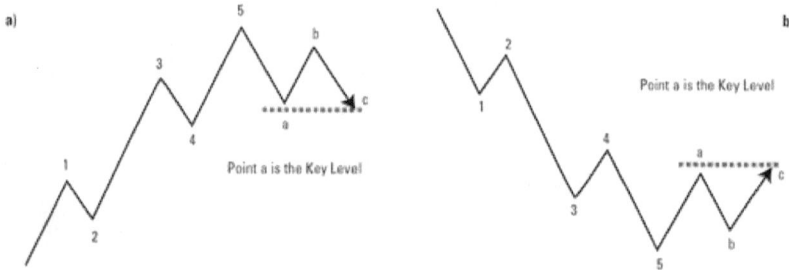

Questa teoria dice che ci sono normalmente cinque onde in un trend crescente di 1-2-3-4-5, seguita da tre onde correttive a ribasso a-b-c (Figura a).

Il ciclo qui è quasi completo, e il comportamento dell'onda (c) è la chiave di lettura della tendenza in corso e prevedere le prossime mosse.

Se rimbalza a un livello superiore a quello (a), il trend rialzista è stabile e quindi potremmo consolidare i profitti e aspettare la prossima tendenza al ribasso.

Se scende sotto il minimo dell'onda (a), questo potrebbe essere l'onda 3 in un altro movimento su 5 onde (Figura b), che dà un segnale ribasso; e quindi, è l'occasione di accumulare.

L'esposizione del primo ingresso nel mercato dipende molto dalla capacità di assumere rischi e la disponibilità di denaro.

Non è esattamente la stessa cosa, ma questo concetto mi è venuto in mente, dalla strategia Martingale che era una volta comunemente praticata nelle sale da gioco dei casinò di Las Vegas.
Il problema di questa strategia è che, per raggiungere al 100% la redditività, è necessario disporre di un bel portafoglio gonfio.
Il metodo infatti consiste nel raddoppiare la posta ad ogni perdita.

Denaro in Circolo

Pensieri sull'Economia, Trading in Borsa e Finanza Domestica

In un sistema binario abbiamo:

Scommessa	Risultato	Utile / Perdita	Bilancio
$ 1	Vince	$ 1	$ 1
$ 1	Vince	$ 1	$ 2
$ 1	Perde	- $ 1	$ 1
$ 2	Perde	- $ 2	- $ 1
$ 4	Perde	- $ 4	- $ 5
$ 8	Vince	$ 8	$ 3

Nell'arena di gioco, tale strategia si basa sulla teoria della probabilità, e se il budget è abbastanza grande, questo potrebbe avere successo nel 100% dei casi[21].

Nessuno ha ricchezza infinita, ma con una teoria che si basa su mean reversion[22], uno scambio mancato può prosciugare il conto. Un altro aspetto negativo è l'importo rischiato che è di gran lunga maggiore del guadagno potenziale.

Tuttavia, il mio metodo non segue al 100% il Martingale e ha la protezione di tenere in portafoglio azioni fondamentalmente solide con la tendenza a lungo termine crescente e alcune protezioni supplementari spiegate qui di seguito.

---

[21] Questo è il motivo principale per cui i casinò ora hanno inserito la regola dei valori minimi e massimi di puntata.

[22] http://www.performancetrading.it/Documents/MpMercati/MpM_cEvidenza.htm
Mean Reversion è intesa come la tendenza dei prezzi azionari ad essere "attratti" verso il loro valore medio di lungo periodo

3.2.3. Protezione

Ci sono altri due elementi di protezione che possiamo mettere in atto con il metodo appena descritto:

1. Poiché le azioni sono state scelte sulla base della loro stabilità finanziaria, v'è a lungo andare, una buona probabilità che saliranno. E' come l'acquisto di titoli di stato o di obbligazioni ad un prezzo inferiore al loro valore di rimborso alla loro data di scadenza. Ci sarà con buona probabilità un guadagno (a meno dei rischi congeniti di ogni investimento), bisogna solo aspettare;

2. Se anche le aspettative al punto 1 non si materializzeranno, si può prendere in considerazione la possibilità di consolidare le perdite per compensare le imposte sulle plusvalenze;

3. Trading a doppia opzione (Straddle Trading), con prodotti finanziari a relazione inversa. Se apriamo contemporaneamente posizioni Long & Short su un prodotto o acquistiamo prodotti finanziari con correlazione negativa [23], possiamo gestire le oscillazioni in modo da prendere profitti in ogni direzione del mercato.

---

[23] Franco svizzero rispetto al dollaro Index , Benzina vs Gas Naturale , Feeder Cattle contro Frumento foraggero, cacao contro il Nasdaq 100 Index, caffè vs US Treasury Notes, la sterlina britannica contro l'indice del dollaro, il dollaro canadese vs . l'indice del dollaro, oro contro l'indice del dollaro, e lo S & P 500 vs. buoni del Tesoro.

Denaro in Circolo

Pensieri sull'Economia, Trading in Borsa e Finanza Domestica

Se con questo non otteniamo il risultato sperato, perché ciò può portare ad una situazione a somma nulla, il punto 2 ci da ancora un ultima via d'uscita con risvolto positivo (seppur minimo).

3.3. ESECUZIONE
3.3.1. Impostazione del Giusto Margine

Il valore reale di un bene è il valore del lavoro, il quale consiste in una combinazione di risorse materiali, know-how, e il tempo che è necessario per produrlo. Il prezzo reale di ogni cosa (il loro prezzo di vendita o di mercato) dipende dalle condizioni di domanda e offerta, lo sforzo e la difficoltà di ottenerla (il valore reale, o quanta fatica costa per procurarsela da sé), e altri fattori che sono direttamente correlati alle caratteristiche degli esseri umani (cioè mode, tendenze o previsioni). Il valore del bene che acquistiamo è il lavoro che possiamo risparmiarci, se vogliamo mantenere la merce per noi, o il sollievo da oneri che siamo in grado di procurare agli altri, se si decide di venderlo o scambiarlo per un altro bene. Il denaro ci risparmia lo sforzo di procurarci il bene con il nostro lavoro perché contengono il valore di una certa quantità di lavoro che scambiamo per ciò in cui crediamo (in quel momento) avere una quantità uguale di valore. Il lavoro è stato il primo prezzo, la prima moneta di acquisto originale che è stata pagata per l'acquisto di ogni bene. Il valore per le cose che noi possediamo e che vogliamo commerciare è proprio uguale alla quantità di lavoro che qualcun altro deve mettere in atto per produrle, per acquistarle o di averle a disposizione. Anche se il lavoro è la vera misura del valore di scambio di tutte le merci, non è la misura in base alla quale il loro valore è comunemente stimato. Spesso è difficile stabilire la proporzione tra due diverse quantità di lavoro. Il tempo trascorso in due differenti tipi di lavoro non sarà sempre sufficiente a determinarne il valore perché devono essere presi in considerazione anche i diversi gradi di difficoltà incontrate e l'ingegno per poterlo fare. Ci può essere più lavoro nel duro lavoro di un'ora che in due ore di lavoro facile; o in un'ora di un'applicazione che costa dieci anni di studi che in un mese di lavoro amministrativo. Non è facile trovare una misura accurata di entrambi sforzo e ingegno. Tuttavia, scambiando prodotti diversi da diversi tipi di lavoro, questo è generalmente considerata essere una combinazione di entrambi questi fattori. Per una corretta identificazione del giusto margine per stabilire quando il guadagno tramite il trading di strumenti finanziario compensa il mio impegno aggiungo altre due variabili : lo stress e la soddisfazione. Costruiremo una matrice di confronto in cui farò un'analisi dei 4 componenti del costo del lavoro per alcune attività professionali e userò questi parametri per impostare

Denaro in Circolo
Pensieri sull'Economia, Trading in Borsa e Finanza Domestica

i nostri punti di riferimento. Per fare ciò, prenderò come punto di partenza le cifre (valori netti, senza tasse) che rappresentano il mercato del lavoro che conosco meglio, che è l'ambiente di lavoro nel Nord Italia a condizione economica del 2016 [24]. Assumiamo che il salario standard medio di un individuo con contratto a tempo indeterminato con laurea a metà del suo percorso di carriera sia di 39'000 euro all'anno nette. Ciò significa che lo stesso guadagna circa 25 euro l'ora nette, con un impegno di tempo del 70%. (circa 9 ore su un totale di 14 ore produttive al giorno). Per la nostra trattazione prenderemo come riferimento anche le seguenti attività con reddito da lavoro:

- La tariffa oraria di un lavoratore generico indipendente occasionale come muratore o imbianchino (con esperienza e cono-

---

[24] Facciamo un rapido accenno alle condizioni standard in Svizzera a cui ci riferivamo quando ero parte di un progetto Lean Management:
- Operaio: 90 CHF / ora
- Impiegato: 100 CHF / ora
- Responsabile: 120 CHF / ora
- Spazio in Magazzino: 120 CHF / m2 per anno
- Spazio in Laboratorio: 150 CHF / m2 per anno
- Spazio in Ufficio: 200 CHF / m2 per anno

scenza professionale, ma senza istruzione superiore), è di 30 euro l'ora.

- La tariffa oraria di un tecnico specializzato indipendente occasionale, come un elettricista o un idraulico (con esperienza, formazione tecnica, senza istruzione universitaria), è di 40 euro l'ora.
- La tariffa oraria di un lavoratore occasionale autonomo, come una donna delle pulizie non professionale (senza alcuna esperienza e senza istruzione), è di 10 euro l'ora.

e la seguente attività di rendita da capitale:

- La resa di un appartamento in affitto (del tipo analizzato nella sezione seconda) che, con un investimento iniziale di 150.000€, 90.000€ di mutuo su 25 anni, rendita di 600€ al mese, meno i costi accessori e tasse, rivalutazione annuale della proprietà del 1%, dà 900€ all'anno di ricavo netto. La sua gestione richiede circa 3 ore al mese, da cui 25 euro l'ora.

A questo punto, siamo in grado di fare un'ipotesi su quello che potrebbe essere il giusto margine, considerando che, come abbiamo detto poco più su, il tasso orario è costituito da:

- Sforzo,
- Ingegno,
- Stress;

Denaro in Circolo

Pensieri sull'Economia, Trading in Borsa e Finanza Domestica

- meno la parte alleviante (Orgoglio o Soddisfazione) che compensa i tre elementi precedenti[25]. In teoria, potrei anche fare gratuitamente una cosa che mi piace molto.

Essendo l'obiettivo finale di questo esercizio di esclusiva validità personale, i numeri di seguito riportati sono il risultato di una combinazione della mia personalissima visione del mercato del lavoro, la mia personalità e considerazioni soggettive.

---

[25] Questo è il tipo di valore - benessere e pienezza interiore - che ci sentiamo quando facciamo qualcosa che ci piace. Può essere definito un valore di esperienza, che è difficile da misurare e quantificare in termini monetari, e non ha criteri oggettivi.

Durante i miei studi a Roma, spesso compravo la mia birra in un piccolo negozio di alimentari in Via Labicana. In uno dei tanti venerdì pomeriggi, il proprietario mi disse: "Perché non raccogli i tappi. Si possono avere delle birre gratis!?".

In quel momento credo di aver capito il confine tra piaceri incondizionati (bere birra) e quelli condizionati (accumulare i tappini per ottenere birre gratis).

Ero felice di pagare la birra, solo perché lo era per il solo scopo di bermi una birra senza pensare. Da quel momento, non ho più comprato birra in quel negozio perché 1) non avevo voglia di bere birra per raccogliere tappini, e 2) dopo aver bevuto la mia birra non volevo avere l'impegno di raccogliere i tappini e nel caso in cui non l'avessi fatto di non rimpiangerlo.

La società della carta di credito Mastercard ha reso il principio del "non ha prezzo", una delle sue campagne di marketing di maggior successo.

Tutto questo per dire che l'attività di trading on line o la lettura di argomenti di economia sono cose che mi fanno stare bene e che contribuiscono ad abbassare le mie aspettative di margine.

Valori netti per ora	Guadagno	Sforzo	Ingegno	Stress	Orgoglio
Dipendente	25	5	20	10	-10
Lavoratore Generico	30	22	5	10	-7
Tecnico specializzato	40	20	18	10	-8
Donna delle pulizie	10	9	1	4	-4
Gestione Affitto	25	5	18	10	-8

La mia percezione del costo del lavoro è la somma dei valori sulle righe per le colonne Sforzo, Ingegno, Stress e Orgoglio:

Sulla base di questa ipotesi, posso considerare il prezzo della mia attività di trading, come di seguito,

	Sforzo	Ingegno	Stress	Orgoglio
Il mio Trading	5	20	10	-10

che indica come il mio giusto margine sia di 25 euro per ora di lavoro sul trading (5 + 20 + 10 -10).

3.3.2. Minimi Volumi e Operazioni

Dal momento che la redditività deriva anche dalla combinazione di frequenza e entità delle vincite e perdite, se, anche con bassi margini, siamo in grado di operare aumentando il numero di operazioni (come un manuale e più lento sistema HFT), la nostra probabilità di ottenere una molteplicità di ragionevoli margini è ancora più alta.

Denaro in Circolo

Pensieri sull'Economia, Trading in Borsa e Finanza Domestica

Il numero di operazioni è legato alle commissioni di negoziazione (ad esempio 0,195% - minimo 2,95 Euro per operazione) e la tassazione (in Italia è pari al 27% sui profitti di vendita delle azioni). Lo 0,195% è uguale al minimo di 2,95 Euro per operazione quando l'operazione è di circa 1.500 euro, che è il valore ottimizzato per il mio primo ingresso.

Per un investimento di 1.500 euro al fine di generare un profitto di 25 euro, si deve avere un oscillazione del 1,66%, che è molto vicino alla gamma di oscillazione di uno-due giorni tra il massimo e il minimo del FTSE MIB degli ultimi anni.

Partendo dal presupposto che di solito non si compra al minimo e si vende al massimo, la durata del nostro investimento dovrebbe essere di qualche giorno.

Se non sono in grado di fare il guadagno di 25 euro in due giorni, e l'azione scende, compro la stessa quantità di azioni in perdita del 2% del loro prezzo di acquisto mediando la perdita all'1%.

Se, ancora una volta, non sono ancora nella posizione di consolidare il mio margine, compro la stessa quantità di azioni nel portafoglio al momento in cui la perdita sul prezzo medio del prezzo è del 3%; mediando la perdita al 1,5%.

Se ancora non sono in grado di concretizzare il mio margine, compro la stessa quantità di azioni nel portafoglio in perdita del

4% sul mio prezzo medio di acquisto, in modo da avere una perdita media del 2%.

Fino a questo punto, possiamo ancora aspettarci di recuperare una perdita nelle seguenti due sessioni giornaliere, aspettandoci un rimbalzo del tipo descritto nella teoria delle onde di Elliott.

Per un investimento complessivo di 6.000 euro, però suggerisco di mantenere un margine di liquidità di 24.000 euro (rapporto 1 a 5) per affrontare qualsiasi emergenza finanziaria nei successivi 12 mesi.

Nel complesso, se la selezione di azioni è stata fatta applicando i criteri del metodo di Greenblatt, nel lungo periodo, si dovrebbe essere al sicuro. Per avere un ragionevole equilibrio tra rischio e rendimento, mentre aumento la mia esposizione con investimenti progressivi superiori, alzerò anche il mio margine.

Per un investimento salito a 6.000 euro, venderei con un margine almeno di 50 euro [26]; ma quello dipende anche dalla vostra sensibilità e le specifiche condizioni di mercato in quel determinato momento. Naturalmente, la quantità di denaro che vogliamo mettere

---

[26] Per un investimento progressivo fino a 6.000 Euro ho probabilmente impegnato un paio d'ore del mio tempo.

Denaro in Circolo

Pensieri sull'Economia, Trading in Borsa e Finanza Domestica

sul piatto dipende molto dal nostro capitale disponibile e la propensione al rischio; ma l'ordine di grandezza e le proporzioni danno un'idea di come dobbiamo impostare la strategia.

L'obiettivo per le mie operazioni è la loro chiusura dopo 1-3 accumuli (Acquisti) e 1 di distribuzione (Vendita).

Se alla fine la mia ricompensa corrisponde a 25 Euro per ora di studio necessario per uscire dal mercato, questa è per me una buona ricompensa.

Molti trader rabbrividiranno leggendo queste righe perché i professionisti in genere suggeriscono di non tagliare i profitti, ma le perdite e di non fare operazioni di mediazione sulle perdite. Io opero diversamente e anche questa è libertà.

4. CONCLUSIONE

Partendo dal presupposto che ognuno di noi è pagato per il nostro lavoro e quindi per il servizio che rendiamo alla società, nel momento in cui guadagno grazie ad una semplice operazione di speculazione finanziaria, come faccio a giustificare il contenuto etico di questa operazione?

Chi ci dà il diritto di fare soldi senza dare nessun valore aggiunto o contributo allo sviluppo della nostra comunità?

La prendiamo come se fosse una vincita alla lotteria?

In realtà, noi non scambiamo soldi con beni; ma il denaro con il denaro, e allorquando questo sistema venisse anche compreso, questo potrebbe non piacere a molti.

Si tratta di una percezione, ma il disprezzo che la gente ha degli speculatori e della finanza in generale, la rende ancora più attraente. La possibilità di generare una plusvalenza grazie alle risorse finanziarie a mia disposizione, senza creazione di valore, unita all'incertezza che le mie strategie portino non necessariamente dei guadagni, rende il tutto estremamente stimolante.

E' un po' come quella sensazione istintiva che ci porta verso il "denaro facile" senza cadere nell'illegalità; ma per favore non facciamo neanche l'errore di associarlo alla casualità di una scommessa pura e semplice.

Denaro in Circolo

Pensieri sull'Economia, Trading in Borsa e Finanza Domestica

Dobbiamo credere nei cicli ricorrenti di eventi naturali e prendere consapevolezza che comunque sia, camminiamo sempre sul bordo della instabilità.

Dobbiamo essere pronti a saltare sull'altro treno, quando quello su cui stiamo viaggiando non è abbastanza veloce.

Dobbiamo imparare a gestire il cambiamento e ad essere pronti ad affrontarlo, vedendo in esso una nuova opportunità.

Il nostro obiettivo è quello di non fare affidamento sul destino, ma su una serie di probabilità che possiamo processare creando una metodologia strutturata che in media dà un risultato più prevedibile che semplicemente scommettere su pari e dispari.

Questa non è roulette. Noi non vinciamo, ma creiamo plusvalenze; non perdiamo, ma soffriamo minusvalenze.

Non facciamo affidamento sulla fortuna; fa tutto parte di un sistema soggetto ai pensieri e alle azioni di uomini in relazione alle loro emozioni, paure, aspettative e speranze.

Per tornare al nostro problema esistenziale sollevato all'inizio di questo capitolo, possiamo comunque consolarci con il fatto che l'immissione nel sistema del nostro denaro aggiunge liquidità al mercato e ha altri effetti diretti e indiretti.

Per esempio: assumiamo che ho una certa quantità di denaro ma non ho idee, tempo, o l'opportunità di gestirlo.

Qualcun altro (per l'azienda di cui compro azioni) potrebbe, in quel momento, in una situazione totalmente diversa dalla nostra, avere più inspirazione di noi e creare qualcosa di nuovo che genera più valore. Se io gli prestassi quel denaro per me improduttivo, lui me lo ridarà indietro con un profitto. Potrebbe aver creato un guadagno per sé e per tutti coloro che interagiscono nella sua iniziativa o che sono coinvolti con essa. Il denaro ha creato denaro e ha creato valore. In una società dove questo valore è in linea con le leggi e le regole, questo ha creato un valore per la comunità. Alimentando il nostro benessere e la nostra felicità, abbiamo un più facile accesso ai beni primari e voluttuari.

Con l'espansione della cultura finanziaria faremo investimenti remunerativi che forniranno liquidità ai mercati, favoriranno lo sviluppo scientifico, il livello di tecnologia, la creazione di nuovi prodotti e soddisfare nuove esigenze.

Ciò genererà ricavi per tutti e per noi che li reinvestiremo. Ciò manterrà il sistema in movimento fino a che raggiungeremo i nuovi confini della scienza e dominare ancor più il campo della conoscenza. Spero di aver stimolato la sensibilità finanziaria dei miei lettori, e di aver raggiunto l'obiettivo che questo libro possa suggerire una gestione più saggia delle risorse in capitale per lo sviluppo di un benessere comune razionale e sostenibile.

Denaro in Circolo

Pensieri sull'Economia, Trading in Borsa e Finanza Domestica

RINGRAZIAMENTI

Devo tutto a mia moglie Valentina, con la quale ho concepito le basi per gli affetti e la stabilità finanziaria della nostra famiglia. Lei è preziosa fonte di pace e ispirazione per la realizzazione delle mie idee e progetti .

Nicola Matarese

BIBLIOGRAFIA & APPROFONDIMENTI

Libri

Benetazzo, E. (2010). *PADRONE DEL TUO DENARO* . Milano, Italia: Sperling & Kupler.

Wolman, W., & Colamosca, A. (1997). *IL TRADIMENTO DELL'ECONOMIA* . Milano, Italia: Ponte alle Grazie.

Gorini, R. (2014). *MATRIX ECONOMIA* . Cesena, Italia: ESSERE FELICI.

Greenblatt, J. (2007). *IL PICCOLO LIBRO CHE BATTE IL MERCATO AZIONARIO* . Milano, Italia: CHW Edizioni di Cinehollywood Srl.

Piketty, T. (2014). *IL CAPITALE nel XXI Secolo* . Milano, Italia: Bompiani / RCS Libri SpA.

Rampini, F. (2014). *All You Need Is Love* . Milano, Italia: Arnoldo Mondadori Editore SpA.

Smith, A. (2006). *La ricchezza delle nazioni* (4a ed.). Novara, Italia: Istituto Geografico De Agostini SpA.

Varoufakis, Y. (2015). *E' L'ECONOMIA CHE CAMBIA IL MONDO* . Milano, Italia: RCS Libri SpA

Riviste e fonti Internet

[Analisi dei Volumi]. (2012). Estratto da https://www.meteofinanza.com/guadagnare-lanalisi-volume-dei-prezzi/

Angiolini, A. (2015, dicembre). Robot Trading. *Commercianti* , *4* (1), 20-22.

Calabria, MA (2015, ottobre). Società, finanza e Libertà. *BANKING PROSPETTIVA* , *3* (4), 51-58.

Cecchetti, SG (2015, ottobre). Attività di banca nascosta. *BANKING PROSPETTIVA* , *3* (4), 42-48.

Denaro in Circolo

Pensieri sull'Economia, Trading in Borsa e Finanza Domestica

[Cooperativa Agricola Canedo]. (2012). Estratto da http://www.canedo.it/how-cmsms-works.html

Galimberti, F. (2016, luglio). La Concorrenza perfetta. *Il Sole 24 Ore* , *11* (1), 6-17.

Galimberti, F. (2016, luglio). Il dilemma del Pil. *Il Sole 24 Ore* , *11* (1), 18-23.

Hanna, R. (2015, dicembre). Fare trading con un Vantaggio statistico. *Traders* , *4* (1), 36-38.

Levince, R. (2015, ottobre). Banking on prosperità. *BANKING PROSPETTIVA* , *3* (4), 21-30.

Longo F. (2015, March). Volumi, Accumulazione e Distribuzione. Estratto da https://www.fabiolongo.com/borsa/volumi.html

Maisano, L. (2016, 8 ottobre). Sterlina in caduta libera per un «lampo incidente». Estratto da http://www.ilsole24ore.com/art/mondo/2016-10-08/sterlina-caduta-libera-un-flash-crash-081026.shtml?uuid=ADhtKZYB

Moltrasio, B. (2015, 10 dicembre). Il volume di Scambio: Il migliore amico del trader. Estratto da https://universitrading.com/il-volume-di-scambio-il-migliore-amico-del-trader/

Nojin, P. (2015, dicembre). Il commercio tecnico funziona. *Traders* , *4* (1), 44-46.

Okopedia. (2014, 15 novembre). Produttività marginale. Estratto da http://www.okpedia.it/produttivita_marginale

Okopedia. (2014, 15 novembre). Funzione di Produzione. Estratto da http://www.okpedia.it/funzione_di_produzione

Wright, RE (2015, ottobre). Finanza e Società: una prospettiva storica. *BANKING PROSPETTIVA* , *3* (4), 33-40.

www.ingramcontent.com/pod-product-compliance
Lightning Source LLC
Chambersburg PA
CBHW021434170526
45164CB00001B/235